왕후장상
꿈을 쫓아서

3천 년 중국역사의 어두운 그림자 4

김택민 지음

저자 김택민 약력

고려대학교 대학원 문학박사
고려대학교 사범대학 교수

저서
『중국토지경제사연구』,
『중국고대 형법』(『동양법의 일반원칙』)

역주서
『역주당률소의』(명례편)·(각칙상)·(각칙하) 공역
『역주당육전』(상)·(중) 공역

논문
「수 양제의 훈관 폐지와 당대의 훈관 남수」
「수·당의 창업과 정통성」
「재당신라인의 활동과 공험(과소)」
「전한대의 상서와 영·평상서사」

역사에세이 8 **왕후장상 꿈을 쫓아서**

2006년 5월 20일 초판1쇄 인쇄
2006년 5월 30일 초판1쇄 발행

지은이 : 김택민
펴낸이 : 임성렬
펴낸곳 : 도서출판 신서원
   서울시 종로구 교남동 47-2 협신빌딩 209호
   전화 : 739-0222·3 팩스 : 739-0224
   등록번호 : 제1-1805(1994.11.9)

ISBN : 89-7940-708-4

역사에세이 8

왕후장상
꿈을 쫓아서

김택민 지음

왕후장상 꿈을 쫓는 호걸들.

빈천한 몸으로 재상이 된 소진과 이사.

씨를 심어 엄청난 부귀영화를 누린 여불위.

유방은 건달에서 일어나 한나라를 세우고 황제가 되어 천하를 움켜쥐었다. 그의 자식 11명은 물론 형제와 4촌 동생까지 왕으로 봉해 넓은 영토를 나누어 주었다. 그를 도와 한나라 건국에 공을 세운 145명에게도 높은 작위를 주어 부귀영화를 보장해 주었다.

건달도 비렁뱅이도 황제가 될 수 있고, 왕후장상이 될 수 있었다. 황제가 되고 왕후장상이 되기만 하면 엄청난 부귀영화를 누렸다. 중국역사는 황제·왕후장상의 자리를 차지하기 위해 치열하게 전개한 쟁패전의 집합이다.

차례

1.

왕후장상
꿈

『열자列子』에 이런 이야기가 전한다.

주周나라의 윤씨는 재산이 많았는데, 아랫사람들을 새벽부터 저녁 늦게까지 쉴 틈도 주지 않고 부렸다. 어떤 늙은 일꾼은 근력이 다했지만 계속 일을 시키므로 낮에는 신음하면서 일하다가 밤에는 고단해서 깊은 잠에 빠졌다. 늙은 일꾼은 밤마다 국군國君이 되는 꿈을 꾸었다. 민 위에 있으면서 나랏일을 총괄하고 궁전에서 연회를 즐기는 등 하고 싶은 일을 마음대로 하니 즐거움이 비할 데 없었다. 그러고 아침이 되면 다시 일했다. 어떤 사람이 그의 수고로움을 위로하자, 늙은 일꾼은 "인생 백 년에 낮과 밤이 따로 있는데, 나는 낮에는 종놈이니 수고롭다고도 볼 수 있으나 밤에는 군주가 되어 그 즐거움이 비할 데가 없으니 무얼 원망하겠는가?"라고 대답했다.『열자』 권3

이 이야기는 '역부몽役夫夢' 또는 '역부지몽役夫之夢'이라는 고사성어의 어원으로 수고로움도 마음먹기에 달려 있다는 교훈적인 뜻을 담고 있지만, 그 속에는 전통 시대 중국인들의 희망이 그대로 담겨 있다.

역부는 남의 밑에서 노역하는 남자를 가리키니 머슴 또는 종놈 정도의 뜻이다. 전통 시대에는 종이 아닌 일반 농민들도 1년 내내 농사를 지어봐야 세금을 내고 나면 입에 풀칠하기도 어려운 것이 보통이다. 게다가 2·3년마다 한 번씩 찾아오는 가뭄·홍수·메뚜기의 피해를 입게 되면 굶주림으로 얼마 안되는 땅뙈기도 몇 됫박의 곡식에 부자들에게 팔아넘기고, 급기야는 몸을 팔아 남의 종이 되어 평생 뼈 빠지게 일하는 수고로움에서 벗어날 수 없다. 그런 절망적인 상황에 처한 사람들은 꿈에서라도 군주가 되어 한없는 부귀영화를 누리고 싶었을 것이다.

군주가 누리는 부귀영화도 높은 직위와 관직을 받은 사람들의 부귀영화도 늙은 종은 물론 대부분의 가난한 농민들로서는 영원히 이룰 수 없는 꿈이다. 그들은 꿈속에서나 왕후장상의 신분을 얻어 부귀영화를 누려볼 뿐이다.

중국에는 이밖에도 역부지몽과 유사한 뜻을 가진 고사성어가 적지 않다. 우리가 자주 쓰는 일장춘몽 場春夢 에는 특별한 고사가 없다. 한단지몽邯鄲之夢 이나 남가일몽南柯一夢 과 같은 고사성어는 어원이 전한다.

남가일몽 은 당나라 때 이공좌李公佐가 지은 전기傳奇 소설

『남가태수전南柯太守傳』에서 나온 말이다. 순우분淳于棼이라는 사람이 술에 취해 잠이 들었다. 꿈속에서 괴안국槐安國 사신의 초청으로 집 마당의 홰나무 구멍 속으로 들어갔다. 그 곳에서 왕녀와 결혼하고 남가군의 태수가 되어 호강을 누렸다. 왕녀가 죽어 순우분이 고향으로 돌아와 깨어보니 자기 집이었다. 마당으로 내려가 홰나무를 조사해 보니 꿈속에서 본 것과 같은 개미의 나라가 있었다고 한다. 분명 허무한 꿈 이야기지만 공주와 결혼해서 군 태수가 되어 호사를 누리는 부귀영화는 중국인들에게 영원한 꿈이었다

한단지몽의 어원은 당나라 때 심기제沈旣濟가 쓴 『침중기枕中記』라는 소설에서 나왔다.

당 현종 개원 7년(719) 도사 여옹呂翁이라는 사람이 신선술을 익혀 한단으로 가는 중에 쉬었다 가기 위해 여관에 들었는데 마침 노생盧生이란 소년도 홑옷에 나귀를 타고 같은 여관에 들었다.

여기서 소년은 14·5세 정도의 남자아이가 아니고 자기 처지에 만족할 수 없는 혈기방장한 장부를 가리킨다. 그래서 어린 남자라기보다는 오히려 중국 역사에 많이 등장하는 호걸에 가까운 뜻이다.

노생은 여옹과 담소하다가 자신의 남루한 행색을 돌아보며

"대장부가 뜻을 이루지 못하면 곤궁함이 이와 같지요" 하고 탄식하듯 말했다. 여옹이 "당신이 말하는 것을 들으니 곧 뜻을 이룰 것 같은데 무엇 때문에 곤궁함을 탄식합니까?' 하고 위로했다.

노생은 "저는 일찍이 학문에 뜻을 두고 반드시 높은 관직에 오르리라 다짐했습니다. 그러나 벌써 40이 넘었는데도 밭고랑에서 농사짓는 신세이니 곤궁함이 아니고 무엇이겠습니까?' 하고 한탄하는데 이미 눈이 풀려 졸려고 했다. 그 때 여관 주인은 막 메조 밥을 지으려 하고 있었다. 여옹은 봇짐 속에서 베개를 찾아 꺼내주면서 "이걸 베시오. 내 베개가 당신을 소원대로 부귀영화의 길로 데려다 줄 것이오" 라고 말했다.

그 베개는 청자로 만들어졌는데 양쪽에 구멍이 나 있었다. 노생이 머리를 숙여 바라보니 베개의 구멍이 점차 커져서 환한 세상이 되었다. 노생은 몸을 일으켜 들어가서 어떤 집에 이르렀다. 몇 개월 뒤에 그는 청하최씨淸河崔氏의 딸을 부인으로 맞이했는데 용모가 아름답고 성품이 후덕했다.

당나라 때 청하최씨는 산동의 다섯 문벌 세족의 하나였다. 가문의 이름이 높아 누구나 장가가고 싶어하는 명문 대족이었다. 미천한 집안이라도 이 가문과 혼인하면 가문의 격이 달라졌다. 그래서 권세있는 사람들이 이 가문과 혼인하려 했고, 황실까지도 겉으로는 이런 풍조를 경계하면서도 이들과의 혼인을 마다하지 않았다.

산동의 다섯 대성만은 못해도 그런 대로 명문이라 할

수 있는 하동설씨 가문에서 태어나 당 고종 때 재상을 지낸 설원초薛元超도 한탄한 바 있다. "나는 재주가 없으면서 부귀가 넘쳤으나 평생에 못 이룬 세 가지 한이 있다. 첫째는 진사과를 통해 관직에 나아가지 못한 것이고, 다음은 산동의 5성에 장가들지 못한 것이며, 다음은 국사 편찬에 참여하지 못한 것이다." 미천한 노생이 설원초 같은 명문의 자식도 이루지 못한 명문가와의 혼인을 성취했으니 얼마나 큰 영광이었겠는가?

다음해 노생은 진사과에 급제했다.

진사과는 수나라 때부터 시행된 과거 가운데 하나이다. 처음 시행되었을 때는 수여되는 관품도 다른 경로, 특히 고위 관리들의 자손들이 과거를 거치지 않고 수여받는 경우에 비해 훨씬 낮았고, 과거의 일종인 명경과 출신보다도 낮았다. 그러나 차츰 진사과 출신은 훌륭한 인재의 대명사가 되어 진사과를 거쳐 관리로 나아가는 것이 최고의 영예였다. 종내에는 재상과 같은 고위직은 진사과 출신이 압도적으로 많아졌다. 그래서 "30세에 명경과에 합격하면 늦고 50세에 진사과에 합격하면 빠른 셈이다"와 같은 속담이 있을 정도였다. 때문에 재상을 지낸 설원초 같은 사람도 진사과를 거치지 못한 것을 한으로 여겼던 것이다. 노생이 이런 진사과에 합격했으니 그 기쁨이 어떠했으리라는 것은 짐작하고도 남는다.

노생은 진사과에 합격한 뒤에 위남渭南현위에 제수되었고 이어 감찰어사로 승진한 뒤 파격적으로 기거사인起居舍人으로 발탁되어 지제고知制誥를 겸했다.

위남현위는 수도권 현의 차관으로 진사 합격자가 취임할 수 있는 가장 좋은 자리이다. 감찰어사는 궁정에서 관리들을 감찰하거나 지방 관청을 돌아다니며 관리들을 감찰하는 직위로 지위는 높지 않지만 권력이 막강하다. 우리가 잘 아는 어사가 바로 이것이다.

노생이 감찰어사 다음으로 역임한 기거사인은 황제 옆에서 황제의 말을 적는 직위로 사관史官이 바로 이것이다. 게다가 황제의 조칙을 초안하는 지제고를 겸했으니 그 광영은 이루 말할 수 없는 것이었다. 기거사인으로 지제고를 겸한 사람은 대개 재상까지 지름길로 승진하는 것이 보통이었던 만큼 이 직은 당시 사람들이 가장 얻고 싶은 지위였다. 노생이 그런 영광된 자리에 올랐던 것이다.

이후 노생은 수도권의 중요한 관직과 조정의 요직을 번갈아 두루 역임한 뒤 장군으로 출정하여 큰 공을 세우고 돌아와 많은 하사금과 높은 훈작을 받았다. 그리고 몇 개의 요직을 거치는 동안 모함을 받아 일시 지방관으로 내침을 당하기도 했지만 황제가 그의 억울함을 알고 다시 등용해서 중서령에 제수하고 연국공燕國公에 봉했다.

당 전기에 재상급 고위 관원은 여럿 있었으나 중서령만이 진재상이었다. 중서령이 되었다는 것은 그야말로 일인지하에 만인지상의 지위에 올랐음을 의미한다. 연국공은 종실이 아닌 사람이 받을 수 있는 가장 높고 영예로운 작위이다.

그 동안 노생은 아들 다섯과 손자 십여 명을 두고, 80이 넘어 병으로 죽었다.

노생은 불우한 치지에 있다가 명문가의 규수와 혼인하고 진사과에 급제한 뒤 쭉 영광스러운 자리를 역임한 끝에 만인지상의 재상직과 높은 작위를 받았으며, 자손을 많이 두어 다복한 가운데 생을 마친 것이다.

노생이 기지개를 켜며 깨어보니 그는 객사에 누워 있었고 여옹은 그의 옆에 앉아 있었다. 여관 주인이 짓는 메조밥은 아직 뜸이 들지 않았다. 노생이 벌떡 일어나 "어찌 이게 꿈이란 말인가?" 하고 외쳤다. 여옹이 노생에게 "인생이란 바로 이런 거라오" 하고 깨우쳐 주었다. 노생은 한동안 멍한 채 앉아 있다가 "무릇 영욕의 도리와 빈궁과 영달의 운세와 얻고 잃음의 이치와 생사의 실정을 모두 알 것 같습니다. 선생께서 저의 욕심을 억제하고자 이렇게 한 것이로군요. 그러나 감히 가르침을 받아들일 수는 없습니다" 라고 말하고, 머리 숙여 절하고 떠나갔다.

꿈 이야기를 장황하게 늘어놓았는데, 이 이야기에는 분

명 모든 사람들이 그렇게도 열망하는 부귀영화가 덧없는 것이라는 교훈적인 의미가 담겨 있다. 그래서 노생이 최씨의 딸과 혼인하는 때로부터 재상을 지내고 나서 죽는 40년의 세월도 메조밥 짓는 시간보다도 짧은 시간에 지나버린다는 뜻으로 '황량지몽黃粱之夢' 또는 '황량일취지몽黃粱一炊之夢' 이라고도 한다.

노생은 인생의 덧없음과 부귀영화의 허망함에 대해 깊은 깨달음을 얻는다. 그러나 그 가르침을 받아들일 수 없었다. 아니 노생이 받아들일 수 없었다기보다는 이 이야기의 작자가 노생이 받아들이지 않는 것으로 끝을 맺고자 한 것일 게다. 왕후장상이 되어 부귀영화를 누리는 것이 아무리 덧없고 허망한 것일지라도 그것은 전통 시대 중국인들의 영원한 꿈이었고 인생의 절대 목표였기 때문이다.

노생이 꿈속에서 밟았던 길은 평화 시대에 과거에 합격한 사람이 최단 코스로 승진한 경우이다. 과거에 급제해서 관직을 얻고 황제의 신임을 받아 높은 관직에 오르며 나아가서 전공을 세워 높은 작위를 받는 그런 길이 보통 정상적인 길이다. 그러나 희망자는 많고 관직은 적어 과거에 합격해서 왕후장상에 이르는 것은 별을 따는 것만큼이나 어려운 일이다. 그야말로 대부분의 사람들은 꿈속에서나 이룰 수 있을 뿐이었다.

과거 외에도 전장에 나가 공을 세우는 길도 있고, 학술을 연마해서 군주에게 등용되는 길도 있으며, 군주의 외척이 되는 길도 있으나 그 모두 극히 소수의 사람에게만 기회가 허용되었다.

그렇다면 현실에 만족할 줄 모르는 혈기 방장한 저 호걸들은 어떻게 하는가? 달콤한 부귀영화를 꿈꾸는 저 호걸들은 세상이 어지러워지면 이를 호기로 삼아 반란을 일으킨 뒤 아예 나라를 송두리째 빼앗고 왕후장상의 자리를 차지하려 한다. 그들 대부분은 그 꿈을 실현하지도 못한 채 사라져 갔고, 일부 실현한 사람이라도 끝내는 비명에 사라져 갔으면서도 말이다.

어쩌면 중국 역사는 왕후장상 꿈을 이루려는 사람들의 성공과 좌절의 집합일지도 모르겠다. 그 가운데 반란은 극단적이고 최후의 수단이지만, 그 반란에 의해 많은 왕조들이 멸망해서 부귀영화의 주인공들이 일시에 바뀌고 수많은 인명이 살상되는 것이 중국 역사의 특수한 모습이다. 이제부터 왕후장상의 꿈을 실현하기 위해 몸부림치는 역사의 현장으로 여러분을 안내하고자 한다.

2.

빈천한 몸에서
귀하신 몸으로

　서주 시대나 춘추 시대에는 봉건 귀족만이 왕후장상의
지위를 얻어 부귀영화를 누릴 수 있었다. 아무리 능력이 뛰어
난 사람이라도 귀족 출신이 아닌 이상 그런 지위에 오를 수
있는 사람은 극히 드물었다.

　전국 시대에 들어서면서 사정은 일변했다. 제후국들은
약육강식의 전쟁 상황에서 살아남기 위해 부국강병을 추구
했다. 이를 위해 능력 위주로 인재를 등용했으므로, 미천한
출신이라도 능력만 있으면 일약 장군이나 재상으로 출세하
여 부귀영화를 누릴 수 있는 기회가 있었다. 전국 시대는 이
른바 열린 사회였다고 말할 수 있다. 이런 사회적 분위기에
편승해서 신분 상승을 꾀하는 사람들은 자기 능력을 개발하
는 데 열심이었다. 그들은 능력을 이용해서 부귀영화를 누리
기 위해 각국의 군주들을 향한 자기 선전, 즉 유세에 적극적
이었다. 이들을 당시 용어로는 '유세지사遊說之士'라고 했다.

이 시대에 활약한 유세지사는 많지만 여기서는 가장 전형적인 인물로 생각되는 소진蘇秦과 이사李斯 두 사람의 이야기를 들어보겠다.

소진은 동주東周 낙양 사람이다. 제나라로 가서 귀곡鬼谷선생에게서 합종연횡의 술책을 배웠다. 어떤 주석가에 따르면 소진이 자신의 학술을 신비화하기 위해 귀곡선생이라는 가공의 인물을 등장시켰다고도 한다.

소진은 학술을 익힌 뒤 여러 해 동안 자기를 등용해 줄 사람을 찾아 돌아다녔으나 뜻을 이루지 못하고 대단히 곤핍해서 돌아왔다. 형제와 형수·제수가 비웃으며 "우리나라 풍속은 농사든 장사든 힘써 일하고 세금 잘 내는 데 힘써왔다. 지금 그대는 본업을 버리고 말만을 일삼다가 곤핍한 채로 돌아왔으니 잘한 일인가?" 라고 했다.

소진이 듣고 부끄러워 자책하면서 문을 걸어닫고 "내가 머리를 묻고 공부했는데 존귀함과 영화를 얻지 못한다면 비록 책이 많다 한들 무슨 소용이 있겠는가?" 하면서 탄식했다. 이때 『주서음부周書陰符』를 얻어 엎드려 읽기를 1년, 스스로 생각하기를 "이제 군주들에게 유세할 만하겠다" 고 판단하고 유세에 나섰다. 합종책으로 유세하기를 여러 해 드디어 6국이 힘을 합해 진나라에 대항하는 합종책을 완성하고 소진 자신은 종약장宗約長이 되어 6국의 재상을 겸하는 지위에 올랐다.

북쪽의 조 왕에게 보고하고 나서 고향인 낙양을 지날 때는 여러 제후들이 보내준 수레와 재물이 매우 많아 왕과 같았다. 주 현왕顯王은 두려워 길을 닦고 사자를 보내 위로했다. 소진의 형제와 형수·제수는 감히 쳐다보지도 못하고 엎드려 먹을 것을 받아먹었다. 소진이 웃으며 그 형수를 보고 "전에는 그렇게 거만하더니 지금은 어찌 이렇게 공손합니까?" 라고 물었다. 형수가 엎드려 기면서 얼굴을 땅에 묻고 용서를 빌며 "지금 보니 시숙은 지위가 높고 돈도 많군요" 라고 말했다.

소진이 탄식하면서 '내 한몸 빈천했을 때는 친척들조차 업신여기더니 부귀해지니 두려워하고 있다. 그러니 항차 남이야 오죽 하겠는가? 그런데 만약 나에게 낙양성 밑의 비옥한 밭 2경만 있었던들 내가 어찌 6국의 재상이 될 수 있었겠는가?' 라고 하고서 천금을 풀어 친척과 친구들에게 나누어주었다. 전에 1백 전을 빌렸던 사람에게는 10만 전으로 빚을 갚고, 신세진 사람들에게도 두둑이 은혜를 갚았다.

참으로 궁해서 약간의 돈을 빌렸으나 갚지도 못하고 고향을 떠난 사람이 어느 날 성공해서 돌아와 1천 배로 갚는다. 이런 일은 듣기만 해도 가슴이 뛰니 누구나 해보고 싶지 않겠는가? 빈천하고 주변머리가 없어 사람들에게 조롱거리였던 소진이 하늘같이 높은 자리에 올라 물 쓰듯이 재물을 풀었으니 죽어도 여한이 없는 출세였다. 빈천한 사람도 능력을 계발해서 군주에게 등용되기만 한다면 왕후장상의 대열에 올라 뭇 사람들의 존경을 받고 재물을 원없이 쓸 수 있게 된 시대가 열렸고 소진은 정확히 그 기회를 포착하여 성공한 것이다. 끝내는 제나라 대부들의 질시를 받아 자객의 칼을 맞고 죽었지만 말이다. 이상의 이야기는 『사기』(권69, 소진열전)에 실려 있다.

이사李斯는 초나라 사람이다. 젊은 시절 군청의 말단 관리를 지내고 있을 때였다. 어느 날 관청의 변소에 사는 쥐를 보니 그놈은 더러운 것을 먹으면서도 사람이나 개가 가까이 갈 때마다 두려워 떨고 있었다. 이사가 창고에 들어가 그 안에 사는 쥐를 보았더니 이 놈은 쌓여 있는 곡식을 배불리 먹으며 큰 집에 살면서도 사람이나 개를 보고도 두려워하지 않았다. 이를 보고 이사는 탄식하면서 "사람의 현명함과 어리석음도, 저 쥐들과 같이 사는 곳에 달려 있구나!" 하고 생각했다. 그리고서 곧 순자荀子에게서 나라를 경영하는 학술帝王之術을 배웠다.

공부를 마친 뒤, 초왕은 섬길 만한 인물이 못되고 6국은 모두 약해 공을 세울 수 없다고 보고 진나라로 떠나기 전에 순자에게 인사를 했다.

"저는 때를 얻으면 태만해서는 안된다고 들었습니다. 지금은 왕들이 서로 패권을 다투고 있는 때이니 유세하는 사람이 공명과 부귀를 노릴 때입니다. 지금 진왕이 제帝를 칭하고 천하를 병탄하여 다스리려고 하니 이는 포의지사布衣之士가 달려가고 유세지사가 수확을 걷을 수 있는 시기입니다. 비천한 지위에 처해 계책을 세우지 못하는 것은 금수禽獸가 눈앞에 있는 고기를 먹는 것밖에 모르는 것과 같으니 사람의 얼굴을 하고서는 할 짓이 아닙니다. 비천한 것보다 더 큰 수치는 없고 빈곤한 것보다 더 큰 슬픔은 없습니다. 오랫동안 비천한 지위와 곤궁한 처지에 처해 있으면서도 이 세상을 비판하고 이익을 혐오하면서 '아무것도 하지 않는 것이 옳다無爲' 고 떠드는 것은 유세지사가 취할 태도가 아닙니다. 그러므로 저는 서쪽으로 가서 진왕에게 유세하려고 합니다."

이사는 진나라로 가서 권신 여불위呂不韋에게 발탁되었다. 그 뒤 외국인을 축출하라는 축객령逐客令 때문에 위기를 맞았으나 그 불가함을 개진하여 축객령을 해제시키고 자신은 정위廷尉로 발탁되었다. 이어 이사는 진나라가 6국을 통일하는 데 큰공을 세웠고, 통일한 뒤에는 재상이 되었다. 그의 장남은 삼천三川군수가 되었고, 다른 아들들은 진나라 공주를 처로 맞이했으며, 딸들은 진나라 공자들에게 시집갔다. 이사의 아들 삼천군수 이유李由가 아버지에게 문안을 드리러 함양咸陽에 오자 이사가 집에 술을 준비했는데 모든 관청의 장관들이 와서 축수를 올렸다. 문 앞에는 수레와 말이 천으로 헤아릴 정도였다.

이사가 탄식하며 말하기를 "아아! 나는 순자께서 '지나치게 성한 것은 금물이다'라고 한 말을 들은 바 있다. 나는 상채上蔡 지방의 서민으로 시골구석의 백성인데 임금께서 내 노둔함을 모르시고 발탁하여 여기에 이르렀구나. 지금 남의 신하로서 최고의 지위에 올랐고 부귀 또한 지극하다. 세상사는 지극하면 반드시 쇠한다고 하니 나도 언제 쉬어야 할지 모르겠구나" 라고 했다.

주석가는 "나도 언제 쉬어야 할지 모르겠구나吾未知所稅駕也'의 '세가稅駕'에 대해 '앞으로 길흉을 알 수 없다는 말이다'라고 설명했다. 자신의 운명을 예감한 것일까? 이사는 환관 조고趙高의 꾐에 넘어가 진시황제의 장남 부소扶蘇 대신 차남 호해胡亥를 2세황제로 세웠다가 자신은 허리가 잘리는 요참형腰斬刑을 당해 생을 마감하고 그의 일족도 모두 사형에 처해졌다.

이상은 『사기』(권87, 이사열전)의 내용을 요약한 것이다.

　소진과 이사를 예로 들었지만 전국 시대에는 미천한 신분으로 왕후장상에 올라 부귀영화의 꿈을 실현한 사람이 적지 않았다. 때문에 빈천하지만 재능 있는 사람이라면 스승을 찾아 학술을 연마하고 자기의 능력을 사서 등용시켜 줄 권력자를 찾아가서 유세遊說했다. 유세란 떠돌아다니며 자기 의견을 피력함을 말하는데, 이 시대에는 이런 부류의 인물들, 즉 유세지사遊說之士가 길을 메우는 형국이었다.

　그러나 유세지사들이 꿈꾸는 왕후장상의 부귀영화는 모든 권력을 한손에 장악하고 있는 군주들에게 등용될 때만 얻을 수 있었다. 그리고 이런 행운을 얻은 사람은 극히 소수였다. 왜냐하면 부귀영화의 꿈을 꾸는 사람은 많은 대신 군주가 줄 수 있는 관직은 적었기 때문이다.

3.
씨를 심어 얻은
부귀영화

군주에게 자기 재능을 유세하여 부귀영화를 얻으려는 소진이나 이사 같은 유세지사와는 달리 자기 자식을 남의 나라 왕으로 세워 그 나라를 송두리째 옮겨쥐려는 엉뚱한 계획을 실천한 사람도 나왔다. 진시황제의 생부 여불위呂不韋가 바로 그 사람이다.

여불위는 양책 출신의 큰 장사꾼이었다. 여러 나라를 오가면서 물건이 쌀 때 사들였다가 값이 오르면 내다 팔아 많은 재산을 모았다. 여불위가 조나라 한단邯鄲에서 장사할 때였다. 그는 조나라에 인질로 와서 고생하고 있는 진나라의 공자 자초子楚를 보게 되었다. 여불위는 그를 보고 연민을 느낌과 동시에 직감적으로 '이 사람은 투자할 만한 가치가 있겠다此奇貨可居'고 느꼈다.

그는 집으로 돌아와서 아버지에게 물었다.

"농사를 지으면 이익이 몇 배나 남습니까?"

"10배는 될 것이다."

"구슬과 옥 같은 보배는 이익이 몇 배나 남습니까?"

"백 배는 될 것이다."

"만약 왕을 세워 그 나라를 장악한다면 이익이 몇 배나 남겠습니까?"

"이루 헤아릴 수도 없을 것이다."

여불위는 스스로 생각하기를 '지금 힘써 농사를 지어봐야 따뜻한 옷을 입을 수도 없고 배부르지도 못한다. 나라를 장악하고 군주君主를 세우면 은택이 대대로 후세에 전해질 것이다. 가서 한번 시도해 볼 일'이라고 판단했다.

자초는 당시 진나라 태자 안국군安國君의 차남이었다. 안국군에게는 여러 부인이 낳은 20여 명의 아들이 있었으나, 가장 총애하는 정부인인 화양부인華陽夫人에게는 아들이 없었고, 자초의 생모 하희夏姬는 사랑을 받지 못했다. 여불위는 그 길로 자초를 만났다. 자초와 약속한 뒤 여불위는 천금을 지니고 진나라로 들어가 자초를 화양부인의 아들로 삼는 데 성공함은 물론 화양부인과 안국군이 훗날 자초를 태자로 세우기로 약속한 것을 확인하고 조나라로 돌아왔다.

여불위에게는 절세의 미녀인데다가 춤을 잘 추는 후실이 있었는데 마침 임신 중이었다. 자초가 여불위의 집에서 술을 마시다가 그녀를 보고 반하여 자기에게 줄 것을 청했다. 여불위는 화가 났지만 이미 자초를 위해 전재산을 쏟아붓고 있던 터라 오히려 미끼로 삼을 요량으로 그녀를 바쳤다. 그녀는 임신한 사실을 숨기고 자초의 집으로 가서 12달 만에 아들을 낳으니 이가 곧 진시황제이다.

사람의 임신 기간은 280일 전후로 약 10개월이다. 그런데 진시황제는 12달 만에 출생했다고 한다. 이런 회임 기간을 생리학적으로는 설명할 수 없다.

소설 『열국지』는 "장차 천명을 받아 천하를 통일하는 제왕이 될 몸이었으니 어찌 범상한 아이와 같았겠는가?"『이산열국지』 권12, 32쪽 하고 신비적인 해석을 내렸으나 납득하기 어려운 것은 마찬가지이다. 그러나 위대한 역사가 사마천이 『사기』(권85, 여불위열전)에 '대기에 이르렀을 때 아들 정을 낳았다至大期時, 生子政'고 분명하게 기록하고 있으니, 쉽게 부정할 수만은 없는 일이다. 대기大期는 12달이고 정政은 진시황제의 이름이다.

기원전 257년, 조나라는 진나라의 공격으로 위급하게 되자 자초를 죽이고자 했다. 자초는 여불위와 모의하여 감시하는 사람에게 금 6백 근을 주고 탈출하여 진군 진영으로 도망가서 귀국했다. 조나라는 자초의 처자를 죽이고자 했으나 부인이 조나라 호족의 딸이었기 때문에 숨어서 살아날 수 있었다.

기원전 251년, 소왕이 죽고 태자 안국군이 왕이 되었다. 화양부인은 왕후가 되어 약속대로 자초를 태자로 삼았다. 이렇게 되자 조나라도 자초의 부인과 아들 정을 귀국시켜 주었다.

안국군이 왕으로 즉위한 지 1년 만에 죽고 태자 자초가 즉위했다. 자초는 즉위하자 곧 여불위를 승상으로 삼고 문신후文信侯로 봉했으며 하남과 낙양의 십만 호를 식읍으로 주었다.

장사꾼 여불위가 일인지하 만인지상의 승상이 되고, 왕

실 외의 사람이 받을 수 있는 최고 작위인 후작으로 봉해졌으며 십만 호의 세금을 받을 수 있는 지역을 봉토로 받은 것이다. 아직 자기 자식을 왕으로 올려놓기 전이지만 이미 그의 투자가 헤아릴 수 없을 만큼 많은 이문을 남긴 것은 틀림없다.

자초가 왕莊襄王으로 즉위한 지 3년 만에 죽고 태자 정이 즉위했다. 여불위의 아들이 왕으로 즉위한 것이다. 이가 곧 최초로 중국을 통일한 진시황제임은 말할 것도 없다. 진시황제는 즉위할 때 겨우 12세였으므로 여불위의 지위를 상국相國으로 높이고 중부仲父라 불렀다. 중부는 작은아버지 정도의 뜻인데, 내놓고 아버지를 자처한 것은 아니다. 일찍이 제 환공이 관중을 중부로 삼은 일이 있어 이를 본뜬 것뿐이다. 그러나 여불위의 속내는 아마도 자기 아들을 의식해서 그 같은 명칭으로 부르게 했을 수도 있다.

태후는 몰래 여불위를 불러들여 사통私通했다. 본래 태후는 여불위의 여자이지 않았던가. 사랑하는 여인을 탐하는 자초에게 화도 났지만 후일을 위해 헌납했던 것이다. 이제 자기 아들을 왕으로 앉히고 태후가 된 옛 여인을 되찾았으니 잃은 것이 하나도 없었다. 그야말로 절묘한 투자였던 셈이다. 이때 여불위의 종복은 1만 명에 달했다.

이 당시 위나라에는 신릉군信陵君, 초나라에는 춘신군春申君, 조나라에는 평원군平原君, 제나라에는 맹상군孟嘗君이 있었는데, 모두 몸을 굽혀 사士를 우대하고 빈객을 좋아하기를 서로 경쟁했다. 여불위는 진나라가 강성한데도 이 같이 못하는 것을 수치스럽게 여겨 사들을 초치하고 우대하니 식객이 3천에 이르렀다.

장사꾼 여불위가 천하에 이름 높던 네 공자와 어깨를 나란히 하여 식객을 3천이나 거느리게 된 것이다.

그 당시 제후국들에는 변사辯士 말 잘하는 사람들이 많았는데, 예들 들어 순자의 무리들은 그 저서가 천하에 널리 퍼져 있었다. 여불위는 그의 식객들에게 보고 들은 바를 저술케 하고 논의를 모아 8람覽·6론論·12기紀로 편찬하니 모두 20만 자나 되었다.

여불위는 이 책에 천지 만물과 고금의 일이 모두 갖추어 있다고 자부하여 『여씨춘추呂氏春秋』라고 이름을 붙였다. 그리고 함양 저잣거리의 문루에 천금의 현상금을 걸고 만약 제후들의 유세지사와 빈객 가운데 『여씨춘추』에서 단 한 글자라도 보태거나 빼는 사람이 있으면 천금을 상으로 주겠다고 선포했다.

장사꾼 치고는 배포가 제법 크다고 아니 할 수 없다. 장사꾼이 상국의 지위에 오르고 후작으로 봉해지며 10만 호의 식읍을 받았으면, 고대광실 저택과 미녀와 아름다운 음악과 감미로운 술로 만족할 것이지, 어찌 3천 식객을 거느린 위에 학술계까지 장악하려 든단 말인가? 여불위는 진짜 부귀영화가 무엇인지를 알았던 것 같다. 저택과 미녀와 감미로운 술은 순간은 만족시키지만 끝내는 허망한 것이고 타인의 질시를 받기 쉽다. 그러나 저술 사업은 사인士人들의 환심을 사기 쉽고 또 그 이름이 오래 남는다. 여불위는 이런 명예욕도 가졌고 또 그것을 실현했으니 투자한 재산보다 엄청나게 남는 장사를 한 셈이다.

진시황제가 장성했는데도 태후의 음기는 식지 않았다. 여불위는 발각되어 화가 자기에게 미칠 것을 염려하여 은밀히 성기가 큰 노애嫪毐라는 사람을 구해 사인舍人으로 삼았다. 때때로 흥을 돋워 성기에 작은 수레바퀴를 걸고 걸어다니게 하고는 이를 태후에게 알려 마음을 동하게 했다. 태후가 듣고 과연 노애를 얻고자 했다. 여불위는 사람을 시켜 노애를 궁형에 해당하는 죄로 고발케 하고 또 은밀하게 태후에게 "궁형에 처한 것처럼 속인 뒤에는 궁중에 머물게 할 수 있습니다"라고 말했다. 태후는 은밀하게 궁형 시행을 관장하는 관리에게 많은 재물을 내려 거짓으로 형을 집행하게 한 뒤 그 수염을 뽑아 환관으로 만들고 옆에 두게 했다. 태후는 그와 사통하면서 열애에 빠졌다. 마침내 임신하자 사람들이 알까 두려워 거처를 수도에서 멀리 떨어진 옹雍으로 옮겼다. 태후는 노애를 계속 사랑해서 엄청난 상을 내렸다.

어떤 자가 태후와 노애가 사통해서 아들 둘을 낳아 숨기고 있다고 밀고했다. 태후와 노애는 진시황제가 죽으면 그들의 아들을 왕으로 옹립하자고 약속한 터였다. 이에 진시황제는 조사를 명했고 사실이 모두 밝혀지자 일이 여불위와 관련되어 있다는 사실도 드러났다.

노애는 삼족이 주멸되는 형벌에 처해졌고 태후가 낳은 두 아들도 살해되었다. 하지만 여불위는 선왕을 받든 공이 크고 또 그를 위해 변호하는 빈객과 변사들이 많아 차마 죄를 묻지는 못했다.

기원전 237년(시황 10년) 태후를 함양으로 복귀시키고 여불위는 봉토인 하남으로 축출되었다. 1년쯤 지난 뒤 여불위를 청하는 제후들의 빈객과 사신들이 길을 잇는 정도였다. 진시황제는 변란이 일어날 것을 염려하여 문책하는 글을 여불위에게 내렸다.

"군君은 진나라에 무슨 공이 있기에 진나라는 군을 하남에 봉하고 10만 호를 내렸는가? 군은 진나라와 무슨 친분이 있기에 중부라는 칭호로 부르는가? 가속과 더불어 촉으로 유배한다."

여불위는 이제 몰락하게 될 것을 알고 죄받고 죽는 것이 두려워 독약을 마시고 죽었다.

이상은 『사기』(여불위열전)의 내용 일부를 요약한 것이다.

이 당시 이와 유사한 사건은 또 있었다. 조나라 사람 이원李園은 초 고열왕考烈王에게 누이를 바치려다가 왕이 생식 불능인 것을 알고 재상인 춘신군春信君 황헐黃歇에게 바쳐 임신케 한 뒤, 그와 공모하여 다시 왕의 후궁으로 들여보냈다. 누이는 아들을 낳고 왕후가 되었으며, 그 아들은 태자가 되었다. 이원은 왕이 죽자 비밀이 탄로날 것을 염려하여 춘신군과 그 일족을 몰살해 버렸다. 태자가 왕위에 올라 유왕幽王이 되니 이원의 염원도 성취된 셈이다. 하지만 이 사건을 전하는 『사기』(권78, 춘신군열전)와 『전국책』(楚策, 楚考烈王無子)은 더 이상 이원의 행적을 전하고 있지 않으니 그가 그렇게도 원하던 부귀영화를 누렸는지는 알 수 없다.

4.

왕후장상의 씨가
따로 있나?

기원전 221년 여불위의 아들 진왕 정이 6국을 멸하고 천하를 통일한 뒤 황제가 되었다. 이가 바로 진시황제다.

진시황제에 의한 천하통일은 중국 역사상 최초의 통일 국가가 성립했다는 역사적 의의를 갖는 중요한 사건이다. 하지만 이는 곧 여섯 나라의 멸망과 수백 년 동안 왕후장상으로 부귀영화를 누렸던 그 국가의 왕실과 귀족들이 서민으로 전락했다는 것을 의미한다. 사실 각국의 왕족과 귀족들은 전국시대부터 소진이나 이사, 또는 여불위 같이 미천하지만 능력 있는 사람들에게 밀려 서서히 역사의 피안으로 퇴장하고 있는 처지였다. 이제 그들의 부귀영화를 그나마 보장하던 마지막 보루가 해체됨으로써 몰락하고 만 것이다.

오랫동안 왕후장상의 신분을 누렸던 특권 신분층이 서민으로 전락하는 현실은 기존의 신분 질서가 해체됨을 의미할 뿐만 아니라, 부귀영화를 꿈꾸는 사람들에게는 기회를 노릴 수 있는 시기였다. 아마도 당시 호걸들은 기회를 포착할 수 있는 새로운 전기가 도래하고 있음을 직감하고 있었을 것이다.

추측컨대 진시황제의 출생 비밀도 견고했던 왕후장상의 씨 들의 권위가 허물어지는 단서를 제공했을 가능성도 크다. 필자의 견문이 좁은 탓인지 당시 진시황제가 여불위의 아들이라는 사실이 유포되었는지를 확인할 증거는 없다. 다만 노애 사건의 전모가 밝혀지면서 일이 여불위와 관련되어 있다는 사실이 드러난 점으로 보아 진시황제의 출생 비밀이 어느 정도까지는 유포되었을 것으로 짐작된다. 왜냐하면 사마천의『사기』편찬은 진시황제가 죽은 때(210 BC)로부터 1백 년 뒤의 일인데, 사마천이 여불위열전 에 진시황제의 출생 비밀을 구체적으로 기록하고 있기 때문이다.

더구나 진시황제는 죽기 전 장남인 부소扶蘇에게 양위한다고 유언을 남겼다. 그러나 환관 조고가 승상 이사를 설득하여 진시황제의 유언을 위조해서 부소를 자살케 하고 차남 호해胡亥를 황제로 옹립했다. 환관의 농간에 의해 마땅히 황제로 올라야 할 사람이 죽고 엉뚱한 사람이 황제로 즉위한 것이다.

수백 년을 유지해 오던 위계 질서가 해체되었더라도 진나라 지배 체제가 균열을 보이지 않았다면 호걸들이 곧바로 준동할 수는 없었을 것이다. 그러나 강고해 보였던 진나라의 지배 체제도 치명적인 약점이 있었다. 유연성이 결여된 경직

성의 허약함이라고나 할까?

진나라 지배 체제의 경직성이란 엄격한 법치와 절대 권위의 황제 지배 체제를 가리킨다. 진시황제는 황제를 유일한 정점으로 하는 새로운 지배 체제를 구축하기 위해 엄격한 법치를 시행했다. 또한 황제의 권위를 극대화하기 위해 거대한 궁궐과 능묘를 조영했고, 흉노 침입에 대비하기 위해 만리장성을 수축했다. 이를 위해서 많은 장정들을 동원하고 무거운 세금을 징수했다. 이를 기피하거나 포탈하는 사람에 대해서는 엄하게 형벌을 적용하여 사형에 처하는 경우도 많았다. 이러다 보니 형벌을 피해 산이나 늪으로 도망하여 군도가 되는 사람들이 점차 많아졌다. 지배 체제로부터의 이탈은 현 체제에 대한 도전과 반란을 일으킬 수 있는 분위기를 고조시킨다. 이런 상황에서 도착 기일을 어겨 사형에 처해질 위기를 왕후장상의 꿈을 이루는 기회로 삼은 인물도 나왔다. 그 첫 번째 인물이 진승이다.

진승은 원래 품팔이꾼이었다. 언젠가 그는 남의 집 품팔이를 하다가 농기구를 던져버리고 밭두렁에서 장탄식하며 "앞으로 부귀해지면 서로 잊지나 말자" 고 했다. 다른 품팔이꾼들이 "품팔이꾼 주제에 어떻게 부귀해지겠느냐?" 하고 비웃자, 한숨을 쉬며 "그런가! 제비가 어찌 기러기의 뜻을 알겠는가?" 라고 말했다. 그는 비록 품팔이꾼이었지만 언젠가는 부귀해질 수 있다는 포부를 가지고 살던 사람이었다.

뒤에 진승은 수자리 살러가던 9백 명의 대열에 둔장으로 끼어 있다가, 마침 홍수로 정해진 날짜에 댈 수 없게 되자 오광과 함께 모의했다.

지금 도망가도 죽지만 큰일을 꾸며도 역시 죽는다. 죽음을 기다리기보다는 국가를 경영할 것을 도모하다가 죽는 것이 낫지 않는가?

이윽고 인솔하던 장교를 죽이고 무리들을 모은 뒤에 '왕후장상의 씨가 따로 있느냐? 우리도 할 수 있다'는 요지로 선동했다.

여러분은 큰비를 만나 기일을 어기게 되었는데 기일을 어긴 사람은 모두 참수형에 처해진다. 설령 참수형에 처해지지 않는다고 하더라도 노역을 하는 동안 열에 여섯 일곱은 죽는다. 죽지 않는다면 모르지만 죽을 바에야 큰이름을 떨쳐야 하지 않겠는가? 왕후장상의 씨가 있겠는가?(王侯將相 寧有種乎?)

진승은 가의賈誼가 말한 바대로 "옹기를 새끼로 꿰어 창문으로 삼을 만큼 가난한 집의 자식으로 천하고 일정한 거처도 없었으며, 재능은 중간치도 못되어 현명하지도 부유하지도 못한 사람"이다. 그런 그가 언젠가는 부귀해질 수 있다는 희망을 가지고 살았을 뿐만 아니라, 일단 사형에 처해질 위기에 처하자 '나라를 경영해 보다가 안되면 그 때 죽는 것이 낫다'거나 "죽을 바에야 큰 이름을 떨쳐야 하지 않겠는가? 왕후장상의 씨가 있겠는가?" 하고 외치면서 들고 일어선 것이다.

진승은 봉기한 뒤 스스로 장군이라 칭하고 오광은 도위都尉가 되었다. 그들이 인근 성을 공격하여 함락하면서 진陳 지방에 이르렀을 때는 이미 수레가 7백, 기마병이 1천여, 병졸이 수만에 달했다. 수일 뒤 그 지방의 삼로三老와 호걸들을 불러 앞으로의 일을 의논했다. 삼로·호걸들은 진승에게 왕이 될 것을 권했다.

장군께서는 몸소 굳셈과 날카로움을 갖추시어 무도한 사람을 토벌하시고 포악한 진나라를 주멸하시면서 초나라의 사직을 다시 세웠으니 공으로 보면 마땅히 왕이 되어야 합니다.

이 말에 따라 진승은 스스로 왕이 되어 국호를 장초張楚라고 했다. 진승이 왕이 되었다는 사실은 중국 역사에서 처음으로 봉건 귀족의 혈통을 이어받지 않은 사람이 자력으로 왕의 지위를 차지한 일대 사건이었다. 이 사건은 후대에 두고두고 이를 본받으려는 사람들의 선례가 되었다는 점에서 특히 그렇다.

진승이 왕이 되어 진 지방에서 왕 노릇을 하게 되자 전에 함께 머슴살이하던 사람들이 소식을 듣고 찾아왔다. 그들은 궁문을 두드리며 '나는 섭涉진승의 재을 만나러 왔다' 고 외쳤다. 궁문을 지키는 장수[宮門令]는 포박하려다가 여러 가지로 해명하므로 풀어주었으나 궁문을 통과시켜 주지는 않았다. 진승이 궁 밖으로 나오자 그들은 길을 막고 "섭아!" 하고 불렀다. 진승이 이를 듣고 불러서 만난 뒤 함께 돌아왔다.

궁에 들어와서 궁전과 장막을 본 손님들은 "대단하구나[夥頤]! 섭이 왕이 되더니 굉장하구나!" 하고 감탄했다. 초나라 사람들은 많다[多]를 과[夥]라고 했다. 그러므로 이 말이 천하에 전해져서 왕을 과섭[夥涉:대단한 섭]이라고 불렀는데 이는 진승으로부터 비롯된 것이다.

친구들은 궁전을 출입하면서 옛적의 진승에 대해 떠벌리고 다녔다. 어떤 사람이 진승에게 "손님들이 우매하고 무지해서 함부로 망발을 하며 왕의 위엄을 가볍게 여깁니다" 라고 말하니, 진승은 그들의 목을 베어버렸다. 전에 같이 남의 집 머슴살이할 때 "앞으로 부귀해지면 서로 잊지나 말자" 고 한 약속도 저버리고 찾아온 친구들을 죽여버린 것이다.

이렇게 되자 옛 친구들은 모두 떠나고 진승에게는 친한 사람이 없었다. 뒤에 진승은 그의 마부에 의해 살해되어 왕의 부귀영화도 물거품이 되고 말았다. 사마천은 그가 사람을 못 믿고 감시하므로 여러 장수들이 따르지 않게 되어 패했다고 지적했다.[『사기』 권48, 진섭세가] 국량으로 볼 때 진승은 한 국가를 이끌 인물은 못되었던 것이다.

국량이 부족한 진승이었지만 일단 그가 봉기하자 순식간에 도처에서 호응하여 진나라에 대항하는 큰 세력이 형성되었다. 6국의 구 귀족들은 이 틈에 멸망한 고국을 재건하여 옛날의 신분을 회복하려 했다. 유사游士·유생儒生들 및 호걸들은 왕후장상 꿈을 실현할 기회를 얻고자 모여들었다. 진승은 이들에게 관직을 주고 여러 방면으로 진나라를 공격케 했다.

그러나 왕이 되고 싶은 사람이 어디 진승 한 사람뿐이었겠는가? 조 지방에 파견된 무신武臣은 스스로 조왕趙王이 되었고, 연 지방에 파견된 한광韓廣은 연왕燕王이 되었다. 진승은 그들의 지위를 인정하지 않을 수 없었다. 그밖에도 제왕齊王이 된 전담田儋, 위왕魏王이 된 영릉군구寧陵君咎 등 스스로 왕이 된 사람이 헤아릴 수 없이 많았다. 이들도 진승과 마찬가지로 원래 왕의 혈통과는 무관했을 뿐만 아니라 고위 관료도 아니어서 부귀영화와는 인연이 없는 사람들이었다. 이런 사람들이 일국을 다스리는 왕이 되었고, 그들을 따르는 무리들도 승상이나 장군으로 임명되어 왕후장상의 대열에 합류하게 되었다.

진승이 봉기하여 세력이 확대되자 진나라는 정예군을 진군시켜 대항케 하는 한편, 여산릉 조성에 동원된 죄수와 노예들을 병졸로 삼아 응전케 했다. 진승은 아이러니컬하게도 죄수와 노예들로 편성된 진나라 군대에 의해 큰 타격을 받고 곧이어 6개월 만에 그의 마부에 의해 살해되었다. 그가 세운 나라도 해체되고 말았다.

진승은 비록 죽었지만 그가 임명한 왕후장상들이 결국

진을 멸망시켰다. 결국 진의 멸망은 진승이 단서를 열었다고 할 수 있다. 사마천은 『사기』를 편찬하면서 진승의 사적을 「세가世家」(권48, 진섭세가)의 하나로 기록했다. 세가는 제후의 역사에 해당한다. 진승은 제후의 후예도 아니면서 스스로 왕을 칭한 사람이다. 진승처럼 제후의 후예가 아니면서 왕을 자칭한 사람은 많다. 그럼에도 사마천이 유독 진승만을 이 대열에 올려놓은 것은 진나라의 멸망과 한나라의 성립이라는 역사적 전기가 그의 봉기로부터 비롯되었다는 평가를 내렸기 때문일 것이다.

한 고조도 그 공을 인정하여 진승의 묘에 30가를 배치하고, 묘를 지키면서 제사를 지내게 했다. 사마천은 제사가 "지금까지 이어지고 있다" 고 기록했다.

5.

건달 출신 황제와
그 패거리들

　진승에 뒤이어 기병한 뒤 항우項羽와의 쟁패전에서 승리
하여 한漢나라 4백 년의 기업을 이룬 유방도 무뢰배였다.
『사기』(권8, 고조본기)에 기록된 바에 따르면 유방은 어질고
베풀기를 좋아했으며 뜻이 활달했다고 하나, 집안의 농사
일은 돌보지 않고 빈둥거리기만 하는 건달이었다. 장성해
서는 정장亭長이라는 말단 관직을 얻었는데 동료들이 모두
좋아했다는 것을 보면 인간관계가 좋았던 인물인 것만은
틀림없다.

　그는 술을 좋아해서 외상술을 많이 먹었으나 정장의 급료
로는 술값을 대기도 힘들었던 것 같다. 그가 술에 취해 엎드
려 잘 때는 항상 그의 머리 위에 용이 서려 있어 술집 주인이
괴이하게 여겨 연말이 되면 외상 장부를 불태웠다고 한다.
이 구절을 뒤집어보면 그의 처지가 외상 술값을 갚을 형편도
되지 못했던 것 같다.

유방은 정장으로 현의 역도들을 진시황제의 능묘 조성 공사장으로 호송하다가 도망하는 사람들이 많아지자 모두 풀어주고 자신도 늪 속으로 도망쳤다. 그는 따르는 몇 사람과 늪 옆으로 난 소로길을 따라가다가 길을 막는 큰 뱀을 죽이고 길을 열어 나아갔다. 뒤따라오던 사람이 보니 뱀이 죽어 있는 곳에 한 노파가 울고 있었다. 그 사람이 노파에게 우는 까닭을 물으니 '내 아들은 백제白帝의 아들인데 뱀으로 변해 길을 가다가 오늘 적제赤帝의 아들에게 죽었다. 그래서 우는 것이다' 하고 대답했다. 이 말을 들은 유방은 크게 고무되었다고 한다. 또 유방이 늪지대에 숨어서 지내는데 부인 여씨가 늘 쉽게 찾았다. 유방이 괴이하게 생각하여 물으니 '당신이 있는 곳에는 항상 상서로운 기운이 떠돌고 있어 그것을 따라오면 당신을 찾을 수 있습니다' 하고 대답했다. 유방이 듣고 기뻐했으며 패현의 자제들이 그 말을 듣고 따르고자 하는 사람들이 많았다고 한다.

이상의 이야기는 모두 『사기』(권8, 고조본기)에 기록되어 있는 것이다. 그러나 아무리 『사기』의 기록이라도 이런 이야기는 허무맹랑해서 믿기 어렵다. 아마도 사람들을 선동하기 위해 일부러 꾸며낸 이야기일 것이다. 여하튼 진승이든 유방이든 봉기하는 사람들은 모두 이런 허무맹랑한 이야기를 꾸며냈다. 이들은 권위를 높이고 나아가 봉기 행위를 정당화해서 세력을 확대하기 위한 방법의 하나로 자신들을 신비로운 존재로 꾸며냈다.

그렇다면 백제·적제는 무엇이고 상서로운 기운은 무엇인가? 일찍이 전국 시대 말에 살았던 추연騶衍은 음양오행에 따라 역사의 변화를 설명해서 10만 언의 저술을 남겼다. 지금 그의 저술은 남아 있지 않으나 『여씨춘추呂氏春秋』에는 오행에 따른 역사 전개가 다음과 같이 기재되어 있다.

무릇 제왕帝王이 바야흐로 일어나려 할 때에는 하늘은 반드시 먼저 그 조짐을 백성들에게 보여준다. 황제黃帝 때는 큰 땅강아지가 나와 [황제의 덕이] 토덕임을 알렸다. 그래서 황색을 숭상했다. 우임금 때는 겨울에도 나무가 푸르러 [우임금의 덕이] 목덕임을 알렸다. 그래서 청색을 숭상했다. 탕임금 때는 황하에서 큰칼이 나와 [탕임금의 덕이] 금덕임을 알렸다. 그래서 백색을 숭상했다. 주 문왕 때는 붉은 새가 붉은 문서를 물고 사社[토지신 사당]에 날아와 [문왕의 덕이] 화덕임을 알렸다. 그래서 적색을 숭상했다. 이제 주나라가 쇠퇴해 망하려 하는데 그 다음은 수덕이 이을 것이다. 수덕의 색은 검다.

역사를 이같이 설명하고 있는 것을 보면 약간 우습기도 한데 고대 중국인들은 오히려 이를 당연시해서 많은 사상가들이 이런 논리를 설파했다. 기존 왕조의 위정자나 이를 전복하려는 반란군들도 다투어 이를 이용했다. 아무튼 추연의 설명에 따르면 천명을 받은 왕조는 하늘이 부여한 특수한 성격과 색깔을 띤 덕을 가지고 천하를 다스리며, 그 덕은 토—목—

금―화―수의 순서로 전개된다고 한다.

추연이 이런 논리를 편 가장 중요한 목적은 아마도 망해 가는 주나라의 뒤에 들어설 왕조의 성격을 추론해 보고자 하는 데 있었을 것이다. 그의 논리에 따르면 화덕으로 천하를 다스린 주나라 다음에는 수덕으로 천하를 다스릴 왕조가 선다는 것이 된다. 진시황제도 이 학설에 따라 흑색을 숭상하고 숫자도 6의 배수를 썼다는 것은 잘 알려진 사실이다.

추연이 제시한 역사관을 오덕종시설五德終始說이라고 하는데, 다섯 가지 덕을 가진 왕조가 차례로 교체된다는 역사 이론이다. 이는 당시 민간에 유포된 역사관을 나름대로 논리화한 것일 텐데, 지방에 따라 순서와 내용에 차이가 있었던 듯하다. 왜냐하면 유방이 큰 뱀을 베었다는 고사에서 백제白帝는 금덕金德을 가리키고 적제赤帝는 화덕火德을 가리키는데, 이는 진나라는 금덕으로 다스리고 있으며, 이를 대신하여 화덕을 가진 왕조가 서게 된다는 논리가 되기 때문이다. 아무튼 유방 스스로 자신이 새로운 왕조의 황제가 될 그 주인공이라는 것을 암시하기 위하여 이런 이야기를 꾸며내서 선전한 것임은 짐작하기 어렵지 않다.

유방이 선전한 논리가 추연의 그것과 순서가 다른 건 중요하지 않다. 중요한 것은 본래 무뢰배로서 오늘날로 치면 겨우 이장 정도에 불과한 정장의 지위에 있던 자가 감히 황제가 되겠다는 꿈을 품고 행동했다는 점이다.

사실 유방은 요역하러 함양에 갔다가 진시황제의 행렬을

보고 '대장부라면 저 정도는 되어야 한다' 하고 탄식한 일도 있다. 유방의 처지를 보면 엉뚱한 꿈을 꾸고 있었던 것만은 확실하다. 한 술 더 떠서 유방의 부인 여씨도 상서로운 기운 어쩌고 하면서 남편의 엉뚱한 포부를 부채질했다. 무뢰배의 아내로 살고 있던 한낱 아녀자가 남편에게 천하를 경영할 꿈을 펴도록 은근히 부추기고 있었다니 놀라울 뿐이다.

여씨는 뒤에 황후가 되고 유방이 죽은 뒤에는 황태후로서 실질적인 황제의 권한을 행사했다. 사마천도 여태후를 실질적인 황제로 간주해서 『사기』에서 황제의 역사에 상당하는 본기 12편 가운데 하나를 여태후본기로 기록했다. 이런 위대한 여성이기 때문에 무뢰배의 아내 시절부터 남편을 황제로 만들 꿈을 꾸었을까? 중국 역사상 여자 황제는 당 고종의 황후 무측천武則天이 고종의 사후 국호를 주周로 바꾸고 황제로 즉위한 것이 유일하고, 황제의 권한을 행사한 여성은 여태후 외에 청 말기의 서태후西太后가 있을 뿐이다.

유방은 기병하여 고향인 패현을 점령한 뒤 항량項梁 군에 합류했다. 항량은 항우의 숙부이다. 항량은 멸망한 초楚 회왕懷王의 손자를 찾아 왕으로 세우고 초나라를 재건했다. 초왕은 여러 장수들에게 진나라를 공격하도록 명했고, 유방도 부대를 이끌고 진나라 수도 함양咸陽으로 진격했다. 유방의 군대는 진격 도중 세력이 확대되었을 뿐만 아니라 항우보다 먼저 함양을 함락하고 진나라 왕의 항복을 받아내 명망이 높아졌다. 당시 진 2세황제 호해는 이미 조고에 의해 살해된 뒤였다. 호해를 살해한 조고는 호해의 형의 아들 공자 영嬰으로 하여금 2세황제의 뒤를 잇게 했으나 황제 칭호는 사용하지 못하게 했다.

유방은 진나라 왕의 항복을 받고 함양을 점령한 뒤 가혹한 진나라 법을 폐지하고 "살인자는 사형에 처하고 사람을 상해한 사람과 도둑질한 사람은 처벌한다"는 3가지 약법만 시행할 것을 약속하여 관중 사람들에게 깊은 인상을 심어주었다.

유방의 군대가 함양을 점령하자 여러 상수들과 병사들은 다투어 금은보화와 부녀자를 약탈했다. 전통 시대 전쟁에서는 성을 함락하면 며칠 동안 무한 약탈을 허용했다. 병사들의 사기를 높이고 동기 부여를 위해서 일반적으로 쓰던 수법이었다. 오직 소하蕭何만이 금은보화 따위는 아랑곳하지 않고 창고의 문을 걸어 잠그고 국가의 중요한 문서를 지켰다.

필자는 이 대목을 읽을 때마다 당혹감을 느끼곤 한다. 건달패였고 겨우 정장 따위의 미관말직에 있던 사람이 제법 큰 국량을 드러내 보이면서 대제국의 황제가 되는 수순을 차분히 밟아가고 있고, 시골 관청의 말단 관리였던 사람이 국가 경영을 위해서는 문서 보호가 중요하다는 점을 깊이 이해하여 대비했다는 것이 불가사의하기 때문이다.

유방은 그보다 한 발 뒤늦게 함양에 입성한 항우에게 일단 주도권을 양보해야만 했다. 항우는 항량이 전사한 뒤 그의 지휘권을 이어받았고 세력도 압도적으로 우세했기 때문이다.

항우는 함양에 입성한 뒤 항복한 진나라 왕을 살해하고 왕족들을 몰살했다. 동시에 진시황제가 건설한 아방궁을 불태웠는데, 불이 3개월 동안 꺼지지 않았다. 이 때 궁중 도서관에 보관되었던 중요한 서적도 모두 불탔다. 보통 유교 경전을 불태우고 유학자들을 파묻어 죽인 이른바 분서갱유焚書坑儒의 장본인이 진시황제라는 것은 상식이지만 분서에 관한 한 일부는 항우가 책임져야 한다.

항우는 스스로 패왕이 되어 진나라를 멸망시키는 데 공이 있는 사람들을 왕으로 봉했다. 새로 왕으로 봉해진 18명 가운데는 전국 시대 제후국의 왕족출신이나 진나라의 고관 출신도 있었으나 대부분은 본래 왕후장상과는 인연이 먼 사람들이었다. 그런 사람들이 그렇게도 견고해 보였던 진나라를 멸망시키고 항우를 패왕으로 추대하여 그로부터 왕의 작위와 넓은 영토를 할양받은 것이다. 그러나 항우는 자신보다 먼저 관중에 진입해서 함양을 함락하고 진왕의 항복을 받아냈던 유방을 강력한 경쟁자로 의식했다. 그런 이유로 유방을 사면이 험준한 산악으로 둘러싸인 한중漢中왕으로 봉해 고립시켰다.

항우는 논공행상이 끝난 뒤 보화와 부녀자들을 모두 수습하여 고향인 강동江東으로 돌아가려 했다. 어떤 사람이 "관중은 험한 산과 황하가 사방으로 막고 있으니 도읍으로 삼아 패업을 이룩할 만한 곳입니다" 하면서 강동으로 가는 것을 말렸다. 항우는 진나라 궁실이 모두 불타 황량해진 것을 보고 함양이 싫어졌고 또 고향으로 돌아가고 싶은 마음이 간절했다. 그래서 "부귀해서 고향으로 돌아가지 않는 것은 비단옷 입고 밤에 나다니는 것과 같으니, 누가 알아주겠는가?" 하면서 듣지 않았다. 그 사람은 "사람들은 '초나라 사람은 원숭이를 목욕시켜 관을 씌운 것과 같다' 고 하더니 과연 그렇구나" 하면서 탄식했다. 항우는 이 말을 듣고 그를 삶아죽였다.

사마천이 굳이 이 대목을 강조해서 기록한 것은 항우가 비록 세력으로는 우세했지만 이미 유방의 적수가 되지 못함을 암시하기 위해서일 것이다. 천하의 패자가 되는 것이 어찌 고향 사람들 앞에서 자랑하기 위한 것이어야 되겠는가? 천하의 패자뿐이겠는가? 무슨 사업이든 그것을 이루려면 오직 한길로 매진해서 끝을 보아야 하고 고향 사람에게 자랑하고픈 욕망은 가슴 한쪽에 밀쳐놓았다가 참으로 다 이루었다 싶을 때 펼쳐도 늦지 않지 않겠는가? 어찌 천둥벌거숭이처럼 금은보화와 여자를 챙겨 고향 사람들 앞에서 자랑이나 하려 했는가?

진나라가 멸망한 뒤 천하는 유방과 항우의 두 편으로 나뉘어 5년 동안 피비린내 나는 패권 전쟁을 벌였다. 진 황제가 없어진 상황에서 새로운 황제가 등장하기 위한 일대

결전은 필연적이었다. 천하의 호걸들도 두 진영 가운데 어느 한편에 가담하여 쟁패전의 소용돌이에 빠져들었다. 그 과정에서 호걸들은 어느 쪽이 최후의 승자가 될 것인지 기민하게 살폈고, 보다 유리하다고 판단되는 쪽으로 대세를 몰아주었다.

사태는 유방 쪽으로 유리하게 작용했다. 출신으로 보나 세력으로 보나 유방은 항우의 적수가 될 수 없을 것 같았다. 그러나 승자는 항우가 아닌 유방이었다. 항우는 유방에게 패한 뒤 자결했다. 이로써 유방은 통일 제국 한나라의 황제가 되었다. 건달이 황제가 된 것이다.

여러 면에서 불리했던 유방 쪽으로 대세가 기울게 된 원인을 세세히 밝히는 것은 쉽지 않다. 전통 시대 사가들은 유방이 항우보다 사람을 알아보고 쓰는 능력이 탁월했다는 점, 형세를 읽는 통찰력이 뛰어났다는 점, 거점을 오랫동안 수도였던 관중에 두었다는 점 외에 천명이 그에게 내렸기 때문이라는 신비적인 해석을 덧붙인다. 천명 운운하는 것은 선전을 위한 것일 뿐 누구도 그 실체를 알 수 없는 것이므로 논할 바가 못될 것이다. 그렇지만 사람을 쓸 줄 아는 능력, 형세를 읽어내는 통찰력, 거점을 정하는 식견 등은 뒷시대의 쟁패전에서도 곧잘 언급되는 것으로 대세를 장악하는 데 필수적인 요건이다. 여기서는 유방이 사람을 쓸 줄 아는 능력이 탁월했음을 알려주는 고사를 통해 그가 대세를 장악해서 한나라 천하를 이룩하게 된 원인에 대한 예증으로 제시하고자 한다.

　　한신이 유방에게 사로잡혀 와 회음후로 강등되어 있을 때였
다. 어느 날 유방이 한신과 더불어 담소하며 여러 장수들의
능력을 평가하다가, 유방이 물었다.
　　"나는 몇 명의 군사를 거느릴 수 있다고 보는가?"
　　"폐하는 십만을 거느릴 수 있습니다."
　　"자네는 어떤가?"
　　"저는 많으면 많을수록 좋습니다多多益善."
　　"많을수록 좋다? 그렇다면 왜 나에게 사로잡혔는가?"
　　"폐하는 병사를 많이 거느리지는 못합니다만, 장수를 잘
거느리십니다. 이것이 제가 폐하에게 사로잡힌 까닭입니다.
폐하의 능력은 하늘이 주신 것이지 인력이 아닙니다."

　　또 어느 날 유방이 낙양의 남궁南宮에 술자리를 베풀고 신하
들에게 물었다.
　　"열후와 장수들은 숨기지 말고 진실을 말하라. 내가 천하
를 얻은 까닭은 무엇이고 항우가 천하를 잃은 까닭은 무엇인
가?"
　　왕릉王陵이 일어나서 대답했다.
　　"폐하는 거만해서 다른 사람을 깔봅니다만 항우는 인자
해서 다른 사람을 사랑합니다. 그러나 폐하는 성을 함락하
고 땅을 점령하면 공이 있는 사람에게 나누어주어 이로움을
천하와 함께 하는데, 항우는 현명하고 능력있는 사람을 시
기하여 공이 있는 사람을 해치고 현명한 사람을 의심하며

전쟁에서 승리해도 공을 인정하지 않고 땅을 얻어도 다른 사람에게 이로움을 나누어주지 않았으니 이것이 천하를 잃은 까닭입니다."

고조가 말했다.

"공은 하나만 알고 둘은 모른다. 장막 안에서 전략을 세워 천 리 밖에서 승리를 거두게 하는 것은 내가 장량張良만 못하다. 국가를 안정시키고 백성들을 어루만지며 군량을 충분히 공급하고 양도가 끊이지 않게 하는 것은 내가 소하蕭何만 못하다. 백만 대군을 이끌고 전쟁을 하면 반드시 승리하고 성을 공격하면 반드시 함락시키는 것은 내가 한신만 못하다. 이 세 사람은 모두 인걸이다. 이 세 사람을 쓸 줄 안 것이 내가 천하를 얻게 된 까닭이다. 항우에게는 오직 범증 한 사람밖에 없었는데 그마저도 쓸 줄 몰랐다. 이것이 그가 나에게 패한 까닭이다."

유방 스스로 말한 대로, 유방은 장량·소하·한신 같은 유능한 인재의 도움을 얻어 천하를 통일하고 황제로 군림할 수 있었다. 이들 중 장량은 산 속으로 숨어버렸고 한신은 사로잡혀 처형되었으며 소하만이 몸을 보전하여 부귀영화를 자손에게 전할 수 있었다.

장량과 한신은 통일 전쟁에서 가장 큰공을 세웠다. 그럼에도 불구하고 한 사람은 숨고 한 사람은 사로잡혀 처형되었는데, 그 까닭은 무엇인가? 한신은 천하를 통일하는 쟁패전에서는 유력한 조력자였지만 사냥감이 없어진 상황에서는 오히려 황제의 권력을 넘볼 수도 있는 위험 인물이었다. 유방은 진평陳平의 계책에 따라 천자가 제후들을 순수巡狩할 터이니 모이라고 했다. 한신은 포로가 될 염려를 안 한 것은 아니지 만 설마 하고 갔다가 사로잡혔다. 그는 잡혀 수레에 실리자 이렇게 외쳤다고 한다.

사람들은 "교활한 토끼가 죽으면 좋은 사냥개는 솥에서 삶음 을 당한다. 높이 나는 새가 없어지면 좋은 활은 창고로 들어 간다. 적국을 깨뜨리면 같이 노모하던 신하는 죽는다" 고 하더 니 과연 그대로이구나. 천하가 이미 정해졌으니 나는 팽烹당 하겠구나.

토사구팽兎死狗烹이라는 고사는 여기서 나왔다. 어쩌면 비 정하게도 보이는 이 같은 처사에 의해 한신과 같은 운명을 맞이한 사람이 한둘이 아니다. 황제는 그 권력을 위협할 소지 가 있는 어떤 존재도 용납하는 법이 없다. 사냥할 때는 사냥 감을 같이 몰지만 사냥감을 잡으면 제거되어야 할 존재라는 역사적 실례였다. 그리고 이 같은 수순은 그 이후 쟁패전을 거쳐 성립한 대부분의 왕조에서 거의 예외없이 나타난 것 또 한 필연이리라. 또한 통일전이 마무리된 뒤 장량이 산 속으로 숨어버린 것도 이 같은 수순이 필연임을 잘 알고 있었기 때문 이리라.

진승이 봉기한 뒤 이 대열에 참여한 유사·유생·호걸 가운데 전쟁 중에 죽은 사람이 수없이 많았던 것은 말할 필요도 없다. 살아남은 사람들 가운데 일부는 항우 편에 서서 끝까지 싸웠으나 항우의 패배와 함께 죽거나 사라졌다. 이들은 왕후장상 꿈을 실현할 기회를 얻고자 전란의 소용돌이 속에 뛰어들었다가 줄을 잘못 선 까닭에 죽어간 것이다. 대세가 유방 쪽으로 기울 것을 확신하여 유방 편에 선 사람 가운데서도 왕후장상의 지위를 끝까지 지키지 못하고 비명에 간 사람들 또한 적지 않다.

한나라 건국에 공이 커서 왕으로 봉해진 사람들(한신·영포·팽월 등 7명)은 대개 한신과 같은 운명에 처해져 모두 제거되었다. 이들이 제거된 뒤에는 종실 유씨만을 왕으로 봉한다는 원칙이 정해졌다. 유방의 자식과 형제들은 이 원칙에 따라 왕으로 봉해져 전국 시대의 제후국만한 영토를 가진 왕이 되었다.

유방의 아들 11명은 모두 큰 영토를 가진 제후왕이 되었다. 유방의 형과 동생도 마찬가지로 큰 영토를 차지한 제후왕이 되었다. 사촌동생 하나도 제후왕으로 봉해졌다. 『한서』의 저자 반고班固가 말한 대로, 유방은 한 자의 땅도 갖지 못한 처지의 건달로 일어나 칼 하나를 들고 5년 만에 황제가 되어 천하의 부를 한손에 넣었다. 또한 자식들과 형제 그리고 사촌동생까지 왕으로 만들어 천하를 나누어 가졌으니 유사 이래 이보다 더 큰 성공은 없었다.

그의 후손들은 전한·후한 합하여 4백 년 동안 대대로

황제의 지위를 이어갔고, 역대 황제의 자식들도 모두 왕으로 봉해져 엄청난 부귀영화를 누리며 그것을 자손들에게 전했다. 제후왕들 가운데 일부는 강성해져 황제권에 도전하다가 대가 끊어진 사건[吳楚七國亂]도 있었다. 또 일부는 죄를 받아 왕국을 상실하기도 했다. 하지만 유방의 후손들은 황제를 조상으로 둔 덕에 수백 년 동안 왕후장상으로 부귀영화를 누렸다.

유방을 따르던 무리 가운데 위험인물들은 토사구팽 되었지만 충직한 부하들은 선공에 따라 높은 작위를 받아 왕후장상의 대열에 올라 세금을 받을 수 있는 봉호를 수여받아 부귀영화를 누리게 되었다. 『한서』(권16, 고조공신표)를 보면 한나라의 개국을 위해 공을 세운 사람으로 후작에 봉해진 사람은 종실을 제외하고 145명이다. 수백 년 동안 부귀영화를 누렸던 춘추전국 시대의 왕후장상은 역사의 피안으로 사라지고 그 대신 새로운 인물들이 그 자리를 차지하게 된 것이다. 유방은 공신들에게 작위를 수여하면서 "황하가 허리띠만큼 가늘어지고 태산이 숫돌만큼 닳아 없어질 때까지 봉토를 영원히 보존하여 자손에게 전해지도록 하겠노라" 하고 맹서했다. 이런 맹서는 그 뒤 황제가 신하들에게 작위를 줄 때 항용 쓰는 문구가 되었다. 우리나라 애국가의 첫 구절도 이와 유사하다는 것이 흥미롭다.

새로이 왕후장상의 대열에 낀 사람들은 대부분 유방과 마찬가지로 미천한 출신이었다. 대개 원래는 무뢰배나 하급 관리였고 심지어 개백정·천민 출신도 있었다. 공신 서열 1번으로 후작으로 봉해졌고 첫 번째 승상을 역임한 소하蕭何, 공신 서열 2번으로 역시 후작으로 봉해졌고 두 번째 승상을 역임한 조참曹參, 공신 서열 8번 하후영夏侯嬰, 전쟁 중에 죽었으나 그 후손이 작위를 받았던 주가周苛는 유방의 동향 출신으로 지방 관청의 하급 관리였다. 일찍이 후작을 받았고 어사대부를 역임한 임오任敖는 옥리였다. 전쟁 중에 죽었으므로 아들을 후작에 봉한 역이기酈食其는 성의 문지기, 공신 서열 5번으로 좌승상을 지낸 번쾌樊噲는 개백정, 공신 서열 4번으로 승상을 지낸 주발周勃은 자리 짜서 팔거나 장례식 때 피리를 불며 따라다니는 천민, 공신 서열 9번으로 승상을 지낸 관영灌嬰은 포목 상인, 관내후로 후작에 봉해진 유경劉敬은 마부, 승상을 지낸 진평陳平은 가난한 형에 의탁해 살던 건달 출신이었다. 비교적 출신 신분이 높은 사람이라야 한韓나라 재상의 아들인 장량張良, 진나라 어사였던 장창張蒼, 그리고 진나라 박사였던 숙손통叔孫通이 있을 뿐이었다.

이들 가운데는 이후 자신이나 자손이 죄를 받아 봉토가 박탈되는 경우도 적지 않았다. 그렇지만 이들 대부분은 한나라의 기초를 건설하는 데 일조하여 높은 관직과 작위를 받았다. 이들은 『사기』와 『한서』에 독립된 항목으로 기록되었으며, 후손들도 그 지위를 계승하여 한동안 한나라의 주요한 지배층이 되어 상류층을 차지했다. 본래 미천한 사람들이 거대 제국을 무너뜨리고 자신들의 나라를 세워 왕후장상의 지

위에 오른 게 신기할 따름이다. 그 못지않게 이들이 언제 학
문을 익혀 경세의 경륜을 펼칠 수 있게 되었는지도 불가사의
하기만 하다.

6.

황제의
부귀영화

　유방은 강력한 경쟁자 항우를 제압하고 아울러 한신 등
잠재적 위험 세력을 제거하여 중국 천하의 황제로서 안정적
인 기반을 확보했다. 그가 세운 한나라는 군현제를 제외하고
는 진시황제의 지배 체제를 대부분 답습했다. 특히 그는 진시
황제가 사용했던 황제의 칭호 및 황제의 위엄을 과시하기 위
한 여러 가지 제도적 장치를 그대로 사용했는데 이에 대해서
는 시사하는 바가 큰 고사가 있다.

　한나라가 건국되고 나서 5년 만에 천하가 모두 평정되자
제후들이 한왕 유방을 황제로 받들었으며 숙손통은 황제가
쓰는 위의威儀와 호칭을 바쳤다. 황제 유방은 진나라 때의 황
제 위의에 관한 가혹한 법을 폐지하고 간략하게 하도록 했다.
기병 당초부터 진나라의 가혹한 법의 폐지를 모토로 내걸었
던 데다가, 아마도 건달이었던 자신이 황제가 되자마자 엄숙
한 의례로 그 동안의 동료였던 신하들 위에 군림하는 것이

조금은 쑥스러웠던 것 같다. 이렇게 되자 여러 신하들은 술자리에서 공을 다투다가 취해서 함부로 소리를 지르는가 하면 심지어는 칼을 빼서 궁궐의 기둥을 치기도 하니 유방이 이를 근심했다.

숙손통은 황제가 날로 이를 싫어하는 것을 알고 "유학자들은 더불어 공격해서 공을 얻기는 어렵지만 세운 나라를 지키는 데는 쓸모가 있습니다. 노魯 지방의 유생들을 불러 저의 제자들과 함께 조정의 의례를 바로 세워보겠습니다" 하고 건의했다. 유방이 이를 허락했다. 노 지방의 유생들 가운데는 "지금 겨우 전쟁이 멈춰 죽은 사람은 아직 묻히지도 못했고 부상자는 자리에서 일어나지도 못했는데 예악禮樂을 일으키려고 하다니요!…" 하고 반대하는 사람도 있었다. 숙손통은 부름에 응한 노 지방의 유생들과 그의 제자 및 조정의 학자들을 동원하여 조회의례를 제정하여 시행했다.

한나라 7년(200 BC) 장락궁이 완성되자 10월 초하루에 제후와 군신들이 모두 모여 황제를 배알하는 의식을 갖게 되었다. 그 의례는 다음과 같다.

날이 밝기 전 알자謁者가 의례에 대해 설명하고 인도하자 차례로 전문殿門 안으로 들어갔다. 궁정에는 기마병과 보병이 대열을 지어 궁전을 호위하고 있었고 기치창검이 즐비하게 세워져 있다. '촉趨엄숙히 빨리 걸으라고 재촉하는 맬' '촉' 하는 소리기 계속 들린다. 궁전 아래 뜰에서는 낭중들이 폐陛3층으로 된 궁전의 기단를 둘러싸고 있는데 폐마다 수백 인씩이다. 공신·열후·장군·무관들은 서쪽에서 동쪽을 향해 서고, 승상 이하 문관들은 동쪽에서 서쪽을 향해 섰다. 대행大行외교담당 장관은 아홉 등급의 작위공·후·백·자·남·고(孤)·경·대부·새를 가진 사람들을 세우고 아래위로 알렸다. 이 때 황제의 연輦이 방에서 나오자, 황제를 시립하는 관리들이 기를 들고 '경警황제가 나오니 주의하라는 말' 하고 외치며 제후왕 이하 6백 석관위를 나타냄] 관리를 이끌고 차례로 축하 인사를 올리게 했다. [이렇게 하자] 제후왕 이하가 모두 두려워 떨며 엄숙하지 않은 사람이 없었다. [조회의] 예가 끝나자 다시 법주法酒[법도에 따른 술자례]의 예가 있었다. 전상殿上에서 황제를 모시고 앉은 사람들은 모두 엎드려 머리를 숙이고 존비에 따라 차례로 일어나 술잔을 올리고 축수를 아뢰었다. 술잔이 아홉 순배 돌아가자 알자가 '파주罷酒[술자리가 끝남]' 하고 말했다. 어시와 집법執法은 거동이 의례와 같지 않은 사람을 끄집어냈다.[『사기』 권99, 숙손통열전]

조회와 법주의 예를 이렇게 엄숙하게 진행하자 예가 끝날 때까지 감히 떠들거나 예를 잃은 사람이 없었다. 이에 고조 유방은 '나는 오늘에서야 황제의 고귀함을 알았다'고 말하고서 숙손통을 태상太常으로 삼고 금 5백 근을 하사했다.

건달이 황제가 되어 만조백관이 가득히 모여 있는 조정에서 엄숙한 의례를 받는 광경은 상상만 해도 야릇한 생각이 든다. 아무튼 유방은 진시황제를 제외하면 역사상 어떠한 군주보다도 강력한 권력과 거대한 부를 한손에 움켜쥐게 되었다. 그렇다면 황제의 부귀영화는 어느 정도의 규모였을까? 진시황제나 한나라 황제의 부귀영화를 역사책에서 재구성하는 것은 쉽지 않다. 후대의 것이지만 『당육전唐六典』[역주본은 상권(권1~권7)과 중권(권8~권20)이 나와 있다. 하권(권21~권30)은 2007년 초에 출간될 예정임]에는 황제가 누릴 수 있는 권력의 실제 또는 부귀영화의 실제가 일목요연하게 정리되어 있다. 이를 참고해서 황제의 권력과 부귀영화 또는 황제의 실상을 대강 재구성해 보기로 한다.

앞에서 『열자』에 나오는 역부의 꿈을 소개했는데, 그가 꿈속에서 누렸던 부귀영화는 춘추전국 시대의 군주가 누리던 것일 터이다. 그렇지만 진나라 통일 이후 황제의 부귀영화는 그보다 훨씬 더 엄청나므로 아마도 종놈으로서는 꿈에서도 다 누리지 못했을 것이다.

일찍이 진시황제의 행차를 멀리서 목격한 한 고조 유방은 ˝대장부라면 마땅히 저 정도는 되어야 한다˝고 탄식했다 하고, 항우도 진시황제의 행렬을 보고 ˝저것은 내가 대신 취할 만하다˝고 하면서 강한 욕심을 내보였다 한다. 천하의 모든 사람들로부터 선망의 표적인 된 그 거대한 행렬로도 황제의 부귀영화를 짐작할 수 있을 것이다. 하지만 제도의 전모를 보면 과연 전근대 중국은 황제의 ˝ 황제에 의한 ˝ 황제를 위한 ˝ 국가였다고 해도 과언이 아닐 정도로 모든 면에서 황제가 중심이었고 그 규모도 엄청났다.

황제의 칭호는 진시황제가 정했다. 진시황제는 6국을 통일한 뒤 통일 국가의 군주에 걸맞은 칭호를 정하고자 했다. 신하들은 세상에서 가장 존귀한 지위인 천황天皇·지황地皇·태황泰皇의 셋 가운데 태황으로 하자고 아뢰었다. 진시황제는 태황의 황에 신화 시대 군주의 칭호인 제를 더해 황제로 정했다. 황皇과 제帝는 모두 신비적인 대상이며 또 숭배의 대상이었다. 황은 태양처럼 빛나는 존재의 뜻이고 제는 천제, 즉 자연계와 인간계를 지배하는 최고신을 말한다.

황제의 1인칭은 짐朕이다. 전국 시대까지 짐은 단순한 1인칭이었을 뿐이나 진시황제가 자신만이 이 용어를 쓰겠다고 선언한 이후 누구도 짐이라고 칭할 수 없게 되었다. 우리나라의 경우 고려 전기까지 왕들은 자신을 짐이라고 칭했으나 원나라에 항복한 이후 과인寡人이라 칭했다.

황제의 명령을 제制 또는 조詔라고 하는데, 이것도 진시황제가 정한 것이다. 제와 조는 곧 국가의 법이다. 따라서 황제는 법을 제정하거나 폐지할 수도 있고, 법에 따르지 않고 사형에 처할 수도 있었다. 황제는 법의 근원이자 초법적인 존재였던 것이다. 간혹 황제도 법을 따라야 한다고 주장하는 사람도 있었으나 이는 어디까지나 권장 사항일 뿐 강제할 수 있는 것이 아니었다. 예를 들면 한 문제 때 어떤 사람이 황제의 말을 놀라게 한 죄로 정위사법장관 장석지張釋

之에게 넘겨지자 장석지는 벌금형에 처했다. 황제는 "까딱했으면 내가 다칠 수도 있었는데, 겨우 벌금형인가" 하고 불만을 토로했다. 장석지는 황제가 애초에 그를 죽이라고 명령했다면 몰라도 죄인을 법에 따라 처분하라고 명령한만큼 법대로 죄를 줄 수밖에 없다고 주장함으로써 황제를 납득시켰다.

장석지는 법을 잘 지킨 사법관으로, 한 문제文帝는 형법 시행을 신중하게 하고 형벌을 가볍게 개정한 황제로 역사에 이름이 높다. 그렇지만 문제는 자신의 말을 놀라게 한 사람을 사형에 처하지 않는 처사에 불만을 가졌고 장석지는 애초에 사형에 처하라고 명령했다면 따랐을 것이라고 말한 것이다. 문제 같은 황제가 이 정도였다는 것은 중국의 역대 황제들은 모든 사람의 생사여탈권을 쥐고 있었음을 말한다. 이와 관련된 사례들은 무수히 많고 너무도 당연한 것으로 여겨졌다.

황제가 거처하는 궁성의 크기는 어느 정도였을까? 지금 북경의 자금성으로도 대강 그 규모를 짐작할 수 있다. 하지만 지금의 자금성은 일부 건물이 철거된 상태이고, 또 자금성 외에도 많은 별궁들이 있어, 현재의 자금성만으로 황제의 대궐을 상상하기에는 충분치 않다. 또한 우리들에게 익숙한 그 유명한 진시황제의 아방궁도 자금성보다 훨씬 큰 규모였다.

그러나 그 규모에 대한 정확한 기록이 남아 있지 않아 소개할 수 없다. 대신 필자가 공부하는 시대인 당나라의 궁성 규모가 『역주당육전』(상)(신서원, 2003, 646쪽)에 비교적 자세히 기록되어 있어 이를 소개한다.

당나라 때는 수도를 둘 또는 셋을 두었다. 제1수도에 해당하는 장안은 관중분지에 있었는데 서도西都라고 했다. 제2수도에 해당하는 낙양은 중원평원의 서쪽 끝에 있었는데 동도東都라고 했다. 중요성은 떨어지지만 지금의 산서성 성도省都인 태원太原을 북도北都로 정해 둔 때도 있었다.

당 황제는 수도 장안성과 그 주변에 거대한 대궐 3개소와 금원禁苑이라는 광활한 정원을 거처로 삼았다. 낙양에도 거의 같은 규모의 궁성이 있었다. 이밖에도 별궁으로 구성궁九成宮과 태원太原의 궁성이 있었다.

장안성은 동서 9,721m, 남북 8,651.7m로 당시 세계에서 가장 큰 규모의 계획 도시였다. 이 성의 북쪽에 관청 구역인 황성이 있고(동서 2,820.3m, 남북 1,843.6m), 그 북쪽에 궁성이 있었다. 궁성은 동서 2,116m, 남북 1,455.3m로 면적은 307만㎡이며 장안성의 5%를 차지했다. 이는 여의도 면적의 4배에 가깝다. 궁성 북쪽에 또 대명궁大明宮이 있었는데, 동벽 2,614m, 서벽 2,256m, 남벽 1,675m, 북벽 1,135m으로 규모는 궁성보다 약간 작다. 또 장안성 내에 좀더 규모가 작은 흥경궁興慶宮이 있었다.

장안성 북쪽에는 광활한 금원禁苑이 연이어 있었다. 금원은 둘레가 약 63㎞로, 그 면적은 서울특별시 전체 면적의 1/4에 상당한다. 금원은 황실에서 필요한 과일과 채소를 재배하는 곳으로, 황제의 사냥터 기능도 했다.

낙양성은 동벽 7,312m, 서벽 6,776m, 남벽 7,290m, 북벽 6,138m로 장안성에 비해 규모가 약간 작다. 성의 북쪽에 관청 구역인 황성이 있고(동서 2,100m, 남북 1,670ml, 그 북쪽에 황궁이 있었다. 황궁은 동벽 1,270m, 서벽 1,275m, 남벽 1,717m, 북벽 1,400m로 장안의 궁성보다 약간 작다. 성 안에는 따로 상양궁上陽宮이 있었는데 규모는 확인할 수 없다. 장안과 마찬가지로 성의 북쪽에 금원이 있는데 둘레가 65㎞에 달했다. 당 태종은 금원이 지나치게 넓다고 여겨 일부를 민간에게 하사했다.

이와 같이 당 황제의 거처는 상상을 초월하는 규모였다. 역대 왕조의 황궁 규모는 당나라의 그것과 유사했을 것이다. 건달 출신 유방이나 걸식승이었던 주원장도 이 같은 궁성을 차지했다.

황제의 부귀영화를 말할 때 빼놓을 수 없는 것이 그의 여인들일 것이다. 우리는 의자왕의 '3천궁녀'와 같은 말을 통해 궁실 내 여인들의 수가 엄청날 것으로 생각하면서도 구체적으로 몇 명인지는 모르기 쉽다.

중국의 역사서에는 몇천 명의 여인을 징발하여 궁녀로 삼았다는 기록이 적지 않다. 하지만 이는 대개 폭군들의 상도에 벗어난 포악한 행위의 일부로서 기록된 것이며 대개 일시적인 것이다. 그러나 폭군이 아니더라도 황제는 원래 많은 여인을 거느릴 수 있도록 제도적으로 보장되어 있었다. 그 제도는 역대 중국 왕조의 공통적인 것이었다. 『역주당육전』(상)에는 황제의 부인으로 황후 외에 부인 4명, 빈 9명, 첩여 9명, 미인 9명, 재인 9명, 보림 27명, 어녀 27명, 채녀 27명, 합계 121명을 들고 있다.(225~228쪽) 이들이 우리가 보통 후궁이라고 부르는 여인들이다.

그런데 당 현종 때는 이를 다 채우지 않고 비 3명, 의懿빈에 상당 6명, 미인 4명, 재인 7명, 합계 20명으로 1/6 정도만 둔 것으로 되어 있다.(『당육전』(중), 237~244쪽) 물론 이 20명도 결코 적다고 할 수 없지만, 실제로 그랬는지는 의문이 든다. 현종은 성군으로 자처하여 사형 폐지를 선언했지만 오히려 장을 쳐서 죽인 죄수가 적지 않았다고 한다. 후궁을 20명으로 제한한 것도 성군임을 과시하기 위해 제도상으로 숫자를 줄인 것에 불과했을 가능성이 있다. 더구나 현종은 아들의 부인 양씨를 귀비로 삼아 사랑한 장본인 아닌가?

현종의 후궁이 20명에 불과했다는 것은 믿기 어렵고 그에 대한 반증도 많다. 예를 들면 중국 역사에서 제일의 명군으로 알려진 강희제의 경우 30명의 여인들에게서 56명의 자녀를 두었다. 그는 아들들에게 자기는 단지 3백 명의 여인들만 두었고 그 가운데 자기를 모셔보지 못한 여인들은 서른이 되면 결혼하라고 집으로 돌려보낸 처사를 자랑스럽게 말하면서 금욕(?)할 것을 당부했다.『강희제』(이산), 198~199쪽] 이로 미루어보면 현종의 후궁이 20명이었다는 것은 확실히 부자연스럽다.

궁성에는 후궁들 외에 여러 가지 사무를 관장하는 여자 관인들이 있었는데 이를 궁관이라고 불렀다. 궁관의 총수는 283명이었다. 이 여인들은 직접 황제를 모시는 지위는 아니고, 궐 안의 여러 가지 사무, 예컨대 황제와 황후 그리고 후궁들의 음식·의복·거마·약 등 일상 생활에 관한 일을 맡아보는 사람들이었다. 그러나 황제가 있는 까닭에 이 여인들도 존재하는 것이므로 간접적으로는 황제의 여인들이라고 해도 좋을 것이다.

이밖에도 궁관의 지휘 아래 직접 공작을 하는 여인들이 있었는데, 정리하기가 번거롭기 때문에 생략하지만, 현종 시기에는 대략 4만 명에 달했다고 한다.[『신당서』 권207, 환자 상]

궁성에는 황제와 황태자 그리고 미성년의 황자 외에 남성은 거주할 수 없었다. 대신 거세된 남성 즉 환관이 필요한 사무를 관장했다. 이들 환관의 정원은 401명으로 되어 있는 책도 있으나[『역주당육전』(중), 236쪽 또는 271~299쪽], 다른 기록에는 4품 이상만 4천 명이었다고 되어 있다.[『신당서』 권207, 환자 상]

황제의 부귀영화가 얼마나 대단한 것이었는지는 이상의 설명으로도 충분할 것이다. 그러나 결코 이것만이 아니다. 황제와 황실의 일상 생활을 받들기 위해 설치된 전중성에 종사하는 인원이 모두 1만 4,734명이었다. 이 가운데 황제의 음식을 담당하는 상식국尙食局에 745명, 약을 담당하는 상약국尙藥局에 84명, 의복을 담당하는 상의국尙衣局에 33명, 천막을 담당하는 상사국尙舍局에 8,028명, 말을 담당하는 상승국尙乘局에 5,638명, 가마를 담당하는 상련국尙輦局에 167명이 종사했다.

황실용 말은 현종 때 1만여 필이었고, 덕종 때는 4만 필에 달했다.『『신당서』권50, 병지』 이 때문에 상승국의 인원이 이같이 많았다. 천막 담당 인원이 많은 것은 조회나 제사와 같은 각종 행사 때 천막을 쳐야 했기 때문이다. 뒤에서 설명하겠지만, 황제의 출행 때도 많은 천막이 필요했다. 또한 황실과 제사에 필요한 음악, 황실의 의약·제사를 주관하기 위한 관청으로 태상시太常寺가 있었는데 여기에 종사하는 인원이 4,243명이었다. 황실과 제사용의 술·음식을 제조 관리하는 광록시光祿寺에는 2,779명이 종사했다. 황제의 수레와 전국의 말을 관리하는 태복시太僕寺에는 2,347명이 종사했다. 황실용과 군마를 공급하기 위해 전국의 목장에서 사육되는 말은 70만 필이었다.

유방과 항우가 진시황의 행렬을 보고 황위 찬탈의 포부를 드러낸 바 있다. 그러면 과연 황제의 출행할 때 행렬의 규모는 어떠했을까? 황제의 행렬에는 여러 단계가 있고 각 단계마다 규모의 차이가 있다. 여기서는 대가大駕라고 하는 가장 성대한 경우를 들어 살펴보겠다.

대가의 악대는 1천3백 명으로 구성되어 있었다. 황제가 타는 수레는 진시황제나 한 무제, 그리고 수 양제 때는 81대였다고 하는데, 당나라 때는 25대였다. 아마도 그 어느 하나의 수레에 황제가 타고 나머지는 빈 수레로 따랐을 것이다. 황제의 출행에는 황후와 비빈들도 모두 따르므로 이들을 위한 수레까지 모두 합하면 몇백 대는 될 것이다. 출행 중에 야영해야 할 때가 많으므로 천막을 치는 인원이 따라야 한다. 앞에서 전중성 상사국의 인원이 8천28명이라고 했는데 바로 이들이 황제의 출행 때 천막을 운반하고 설치하는 일을 담당했을 것이다.

황제를 따르는 관리들과 호위병의 수를 산출하는 것은 쉽지 않다. 다만 황제가 출행할 때는 관료 대부분이 따르므로 관료들과 그들의 수행원까지 합하면 족히 몇만 명은 되었을 것이다. 여기에다 호위병의 수를 더하면 적어도 십만 이상의 인원이었을 것으로 보인다.

평상시 군대의 주력은 황제와 수도를 수호하는 것이 주임무였고, 조회 의례나 제사 의례 때 의장대로서 역할을 했다. 수천수만의 병사들이 기치창검을 높이 들고 궁궐을 호위하거나 의장 행렬을 지어 황제의 신변을 보호했다. 엄숙한 분위기를 조성하여 황제의 권위를 극대화한 것이다. 의장대는 황제의 순행 때에도 행차의 전후좌우에서 도열하여 행진하면서 행렬의 위엄을 극대화했다.

역사서에 기록된 황제의 행렬 가운데 최대의 것은 수 양제가 돌궐의 칸[汗王]을 방문할 때일 것이다. 이 때 동원된 인원은 무장 군인이 50만 명이었고 말이 10만 필이었으며, 기치와 치중[輜重군수 물자를 실은 수레]은 천 리를 이었다고 기록되어 있다.[『자치통감』 권180, 607년 8월조] 이는 돌궐을 위압해서 고구려 침공에 동참시키기 위해 위세를 과시하려는 목적을 가진 특별한 행차였지만, 황제의 행렬이 많을 경우 이 정도의 규모도 될 수 있다는 것을 보여주는 좋은 예이다.

당나라 때 장안의 인구는 보통 1백만이었다고 한다. 그 인구의 대부분은 황제의 일상 생활을 받들고, 또 여러 가지 의례를 받들기 위해서 설치된 관청에서 종사하는 사람들이었다. 황제의 부귀 영화와 황제가 나누어 주는 부귀영화를 누리는 사람들, 그리고 그들을 위해 봉사하는 사람들의 생계를 위해서 천하에서 징수한 세금이 수도 장안으로 집중되었다. 이로써 장안은 천하에서 가장 풍요로운 도시가 되었다.

장안에는 황제와 왕후장상, 그리고 부유한 상인들의 재물을 노리고 세계 각지에서 사절단과 상인들, 그리고 아름다운 여인들이 모여들었다. 마로코 폴로는 『동방견문록』에서 당시 원나라의 황제 쿠빌라이가 얼마나 위대하고 호사로운 군주인가에 대해서, 그리고 수도 대도大都의 규모와 풍요로움에 대해서 한없이 경탄해마지 않았다. 그가 본 쿠빌라이와 대도의 영화는 당나라의 황제와 장안의 그것과 크게 다르지 않았을 것이다.

황제의 부귀영화는 살아 있는 때로 끝나지 않는다. 생전의 부귀영화를 사후 세계까지 연장해서 누리기 위해 황제의 생존시부터 능과 침전을 조성하기 시작한다. 능은 봉분을 말하고 침전은 능 앞에 세우는 묘궁을 말한다. 묘궁은 궁궐의 규모로 조성하는 것이 원칙이었다. 능의 규모는 현재 남아 있는 진시황제이 여산릉이나 장안 부근이 산처럼 보이는 많은 능으로 미루어 짐작할 수 있다. 현재의 진시황릉은 아랫부분이 485×515m이고 높이는 76m이다. 원래 115m 높이로 설계되었는데 전란으로 지금 남아 있는 능의 높이에서 중단되었다. 묘궁의 규모는 능 주변의 터를 발굴하여 그 규모가 확인되었는데 둘레가 6,294m이다.

능원 전체의 면적은 56㎢이다. 이 안에 우리가 잘 아는 병마용 갱이 있다. 병마용 갱은 부장 갱의 하나로 면적은 1만 3천㎡이다. 이 안에서 5천여 기의 흙으로 빚은 병사와 말 그리고 금동으로 만든 수레가 발굴되었다. 이밖에도 현재 발굴된 배장 갱만도 6백여 개소에 이른다고 하며, 이 곳에서 발굴된 유물도 확실히 파악되지 않았다.

그러면 진시황릉의 내부는 어떻게 되어 있을까? 최근 탐지기로 조사한 바에 의하면 지하 궁전은 지하 30m에 자리잡고 있다. 동서 170m, 남북 145m이고, 그 가운데에 있는 묘실은 동서 80m, 남북 50m, 높이 15m라고 한다.[『中國國家地理』, 2005년 6월 섬서특집] 그렇지만 대부분의 독자들은 이 수치로 이 지하 궁전의 규모를 실감할 수 없을 것이다.

지금까지 통일 왕조의 황제릉 가운데 발굴 공개되고 있는 것은 북경 교외에 있는 명나라 13대 황제 만력제의 능이 유일하다. 지하 27m 밑에 조성된 이 능의 지하 궁전은 5개의 방으로 되어 있으며 총면적은 1,195㎡로 360평 정도가 된다. 여러 해 전 필자도 이 능의 묘실을 관람할 기회가 있었는데, 엘리베이터를 타고 지하 궁전에 들어선 순간 엄청난 충격을 받았다. 묘실은 얼마 전까지 중앙박물관으로 썼다가 철거된 옛날 중앙청 홀과 같은 규모였다고 기억된다.

이 능은 만력제의 재위시인 1585부터 1590까지 6년에 걸친 대공사 끝에 완공되었다. 연인원 6천5백만 명과 은 8백만 냥이 소요되었다고 한다. 연인원 6천5백만 명이라면 6년 동안 하루도 거르지 않고 매일 3만 명씩 동원되었음을 의미한다. 은 8백만 냥이 얼마나 큰돈인가를 짐작하는 것은 쉽지 않다. 당시 명나라의 1년 조세 수입은 은 1천5백만 냥을 넘지 않았다고 하니 국가의 1년 예산의 반이 황제의 능을 조성하는 데 소모되었다는 계산이 나온다. 이 돈을 당시 쌀값으로 환산하면 1백만 명이 6년 반 동안 먹을 수 있는 양을 구매할 수 있는 금액이라는 계산도 있다.

그런데 이런 만력제릉의 지하궁전도 진시황릉의 지하 궁전 면적[170×145= 24,650㎡]의 1/20에 불과하다. 이로 미루어 보면 진시황제의 지하 궁전이 얼마나 웅장할지 조금은 상상할 수 있을 것이다.

한 황제들의 능묘는 진시황제가 반란으로 망한 것을 교훈으로 삼아 비교적 검소하게 조성했다고 한다. 한 경제의 능은 하단 사방 160m, 상단 사방 55m, 높이 31.8m이고, 무제의 능은 이보다 약간 크고 높다. 한 황제릉은 확실히 진시황제의 능보다 작아지기는 했지만 그래도 작지 않은 산이다.

당나라 때 황제의 능은 이전까지의 황제릉과는 조금 다르다. 고조 이연의 능은 한나라 때 능의 규모와 비슷하지만, 태종 때부터는 황제의 능을 산 위에 조성했으므로 그 규모를 실측하기는 어렵다. 예를 들면 당 태종의 능은 해발 1,290m의 산 9부 능선에 묘실을 조성하여 산봉우리 자체를 봉분으로 삼았으므로 봉분을 조성하는 수고는 적었을 것이다. 그렇지만 산의 남쪽 평원에는 둘레 약 60㎞의 능원이 조성되어 있었다.

능원에는 원래 비빈과 황자, 그리고 공신들의 배장묘 230여 기가 있었다고 한다. 현재 봉분이 확인된 것은 180기 정도이다. 그 가운데 지금 발굴되어 공개하고 있는 황태자나 비빈 또는 공주의 묘실도 하나같이 우리나라 공주에 있는 백제 무령왕릉보다 규모가 몇 배나 크다.

더 놀라운 것은 근대 이후의 인물인 손문의 능 규모도 이 못지않게 크고 장엄하다는 점이다. 신해혁명 뒤에 황제로 즉위하여 역사 발전을 후퇴시켰던 인물 원세개의 묘도 거대한 규모로 조성되어 있다. 최근에 건설된 모택동의 묘는 천안문 광장의 우측에 있는 거대한 건물이다.

중국 답사 여행을 다니다가 진시황릉이나 병마용 등 거대한 조영물을 보고 "우리 조상들은 무얼 했는지 몰라. 중국 사람들은 조상 덕을 많이 본단 말야" 하고 불평하는 소리를 들을 때마다 필자는 실소를 금치 못하곤 한다. 사실 백제 무령왕릉은 당나라 공주릉의 몇 분의 일도 안되고, 조선의 왕릉들은 능의 규모도 규모려니와 묘실도 없이 관곽만 있다. 관광 상품으로 가치가 없는 것은 당연지사. 그러나 생각해 보자. 수십만 명의 피땀으로 조성된 능묘로 관광객을 끌어들여 외화벌이 하는 것을 부러워할 수 있겠는가?

필자도 젊었을 때는 한국사의 나약함이나 왜소함을 부끄러워한 적이 있었다. 그러나 역사에 대한 이해가 조금씩 깊어져 가면서 그게 아니라는 생각이 들게 되었다. 이제는 한국사가 따뜻하게 보인다. 거대한 능묘를 조영하느라 무고한 백성들의 피땀 흘린 일이 많지 않은 듯해서이지만, 어쩌면 우리나라 역사는 거대한 능묘를 조성하여 가식적인 권위를 과시할 필요가 없는 소박한 역사인지도 모른다는 안도감 때문이기도 하다.

필자는 학생들에게 만력제릉의 묘실을 들어가 보고 중국 역사를 느껴보라고 말하곤 한다. 사실 호사스런 능묘 안에 묻혀 있는 신종은 매우 우매한 황제였다. 10세에 즉위하여

48년 동안 재위하면서 오직 주색만을 탐하고 사치스런 궁전과 자기의 능묘를 조영하는 데만 관심을 가졌을 뿐 여러 해 동안 정사를 돌보지 않아 국력이 피폐해졌다. 명나라는 그가 죽은 뒤 25년 만에 멸망하지만 멸망의 씨는 그가 뿌린 것이나 마찬가지다. 그런 사람이 엄청난 비용을 들여 수많은 사람들의 피땀으로 조성된 호화로운 지하궁전 안에 누워 있다는 사실이야말로 중국 역사가 만들어낸 우스꽝스러운 희극이자 슬픈 비극이 아니겠는가?

중국인들은 왜 황제릉을 이같이 거대한 규모로 조성했을까? 근대 이후로도 공산 혁명 이전까지 정치 지도자들의 능묘를 거대하게 조성하는 풍조가 계속된 것을 우리는 어떻게 이해할 것인가? 쉽게 답할 수 없는 질문이다.

중국에서는 상고 시대부터 후장 풍습이 있었다. 상나라 무덤에서 많은 부장품과 함께 순장자의 유골이 다수 발견되고 있는 것이 그 좋은 예일 것이다. 이런 풍습은 춘추 시대 말기까지 그대로 이어졌다. 진 경공의 무덤에서는 많은 부장품과 함께 186명의 순장자의 유골이 발견되었다. 또 그의 선조인 무공武公의 무덤에서는 66구의 순장유골이 발굴되었고, 목공穆公의 무덤에서는 177구의 유골이 발굴되었다. 제 경공의 무덤에는 6백 마리의 말이 함께 매장되었는데, 현재 그 중 일부가 발굴 공개되고 있다.

이같이 춘추 시대 이전에도 후장 풍습이 유행했지만 그

러나 무덤에 봉분을 쌓지는 않았다. 춘추 시대 말기부터 전국 시대에 걸쳐 봉분을 쌓기 시작했는데, 전제군주제의 출현과 함께 새로운 신분제가 성립되면서 분묘의 대소·고저도 신분의 등급에 맞추어 규정되었다. 특히 모든 신분 등급의 정점이며 절대 권력을 갖는 군주의 분묘는 그 어떤 분묘보다도 월등하게 크고 높아야 했다. 진시황제의 경우 천하를 통일한 공에 걸맞게 새로운 칭호를 정하라고 명령해서 황제 칭호가 등장했다는 것은 앞에서 소개한 바 있다. 엄청난 규모의 아방궁과 여산릉의 조영도 그의 공이 공간적인 조영물에 의해 표현되어야 한다는 발상에서 나온 것임은 말할 필요도 없다.

진시황제는 절대 권력을 상징하는 칭호와 거대한 궁전으로 누구도 도전할 수 없는 권위를 과시했다. 무소불위의 권위를 사후까지 과시하고자 조성한 능묘도 황제권에 도전할 엄두조차 내지 못하게 했을 것이다. 그렇지만 실제는 어떤가? 그가 죽은 지 3년도 안되어 나라는 멸망했고 그가 조영한 아방궁과 여산릉도 파괴되었다.

진시황제가 그렇게도 영원히 유지하고자 했던 나라와 거대한 궁궐과 능묘 모두 허망하게 무너졌다. 하지만 그 뒤를 이어 성립된 한 황제들도 규모는 좀 작지만 여전히 거대한 궁궐과 능묘를 조성했다. 이후 역대 왕조의 황제들 모두 거대한 궁궐을 짓고 능묘를 조영했다. 그들이 거대한 궁궐과 능묘 조성에 집착했던 것은 이런 조영물이 여전히 그들의 권위를 과시하는 데 효과가 있다고 판단했기 때문일 것이다. 그렇지만 살아생전에 누렸던 부귀영화를 사후까지 연장해서 누리고 싶은 인간적 욕망이 더 크게 작용했을 가능성도 있다.

왕후장상의
부귀영화

　황제의 부귀영화는 황제 자신의 영화로 끝나지 않는다. 건달 출신 유방이 황제로 즉위한 뒤 그의 아들과 형제, 사촌 동생까지 왕으로 봉하고 광대한 영토를 나누어주었는데, 이들이 바로 제후왕들이다. 제후왕들은 분봉된 광대한 영토에 대해 자치권을 갖고 곧 강성해져서 황제의 중앙 정권에 대항할 정도로 막강해졌다. 이를 방치하고는 황제의 지배 체제 자체가 위협을 받을 수 있어 이를 억제하려 하자 저항하여 반란을 일으켰다. 이것이 오초칠국吳楚七國의 난이다. 이 난은 곧 진압되었으며, 이로부터 왕국들은 세분화되어 차츰 군현으로 편제되기에 이른다. 이후 역대 왕조에서는 황제의 아들들을 왕으로 봉해도 영토를 나누어주지는 않는 것이 원칙이었다. 그러나 황제의 아들로서 왕으로 봉해진 사람들은 비록 영토를 갖지는 못했지만 그들의 부귀영화는 황제를 제외하고는 능가할 자가 없었다.

누구라도 일단 황제가 되면 농민 출신 황제든, 황제의 아들로서 황위를 계승한 사람이든, 그의 자식들은 왕으로 봉해져 무한한 부귀영화가 제도적으로 보장되었다. 이에 대해서는 『당육전』에 기재된 당나라의 제도를 예로 들어 간략하게 설명하겠다.

황제의 아들 가운데 황태자는 황제의 뒤를 이어 황제가 될 신분이기 때문에 매우 특별했다. 황태자의 정무를 보좌하고 그의 일상생활과 여러 가지 의례를 받들기 위해 24개의 관청이 설치되었고, 2,916명의 관리가 배속되었다. 그 관청들은, 규모는 작지만 황제를 위해 설치된 기관 즉 중앙정부 조직과 짝을 이루고 있었다. 이런 제도적인 배려는 장래에 황제가 될 사람에 대한 예우이기도 하고 황제가 되기 위한 학습을 위해서도 필요한 조치였다. 황태자의 부귀영화는 황제 것의 축소판이라고 하겠다.

황태자 외에 황제의 다른 아들들은 친왕親王으로 봉한다. 친왕을 위해서도 친왕부親王府·친사부親事府·장내부帳內府·친왕국親王國의 4개 관청이 설치된다. 친왕부에는 종3품 왕부王傅 등 다수의 관리가 배속되어 친왕을 보좌한다. 친사부와 장내부는 친왕의 호위 기관인데, 이 두 기관에 배속된 인원은 1,101명이다. 친왕국은 명의상으로는 친왕의 영토를 다스리는 기관으로 보이지만 실제 영토는 없으니 주로 친왕 저택의

잡사를 담당한다.

4개 기관에서 종사하는 인원을 모두 합하면 1,205명이다. 황제의 아들에게 봉사하기 위해 국가의 관리가 1,205명이 배속되는 것이다. 이는 모두 국가의 법으로 제도화되어 있었다.

친왕은 영토는 갖지 못하지만 1백 경(頃(1경은 5㏊)의 토지를 받을 수 있었다. 또한 식읍 1만 호를 주어 세금을 받을 수 있도록 규정되어 있었다. 식읍 1만 호는 허명이고 실제로 세금을 받을 수 있는 호수는 따로 정했다. 그러나 친왕의 경우 법에 정해진 토지 소유 면적이나 봉호의 수는 의미가 없다. 왜냐하면 실제로는 황제가 수시로 하사하는 물품이 엄청났고, 제도와 관계없이 많은 토지와 봉호를 내리는 것이 상례였기 때문이다. 명 신종 때 친왕과 공주에게 내린 토지가 많은 것은 3만 경이었고 적은 것도 7·8천 경이었다. 3만 경이라면 얼마나 넓은 토지일까? 아마도 경상남도나 전라남도의 모든 논 면적을 합한 것보다도 넓을 것이다.

이런 부귀영화는 그의 자손들에게 세습된다. 다만 대가 내려갈수록 작위의 등급이 내려가고 봉호와 토지도 아들들에게 균등분할 상속되기 때문에 규모가 작아진다. 그렇지만 황제의 자손들은 과거를 거치지 않고 관직에 나갈 수 있는 우선권이 보장되어 관리로 진출하여 능력을 발휘하게 되면 높은 관직이나 작위를 받을 수 있었다. 또한 모반죄 등 특별히 규정된 무거운 죄를 제외하고는 사형에 해당하는 죄를 저

질러도 사형에 처하지 않는다. 유형流刑 이하는 실형을 받지 않도록 규정되어 있었다. 왕조가 유지되는 2·3백 년 동안 황제의 자손들은 거의 모두가 최고 귀족 신분으로 부귀영화를 누렸다.

다만 호사다마라고나 할까! 황제의 자손으로 태어난 것을 후회하며 비운에 죽어간 사람이 많은 것도 사실이다. 황제의 자손이 제 명에 죽지 못하는 경우는 대개 네 가지이다.

첫째로 황태자로 있다가 황위를 계승하지 못하고 죽는 경우이다. 중국 역사에서 황위皇位를 계승한 황태자보다 계승하지 못한 황태자가 훨씬 많다. 황제는 황위 계승인인 황태자를 위해 교육하고 보호하지만 그의 권력을 위협할 소지가 있으면 아들이라도 가차없이 제거했다.

둘째로 권력 다툼에서 패해 죽는 경우이다. 이른바 왕자의 난이 바로 그것이다. 당 태종이 태자인 그의 형 건성과 동생 원길을 죽이고 즉위한 사건이 대표적이다.

셋째로 황제 또는 다른 권력자가 잠재적인 황제권 도전자들인 황자들을 죽이는 경우이다. 남조 송나라와 제나라의 황제들은 그들의 형제나 삼촌·사촌형제 등을 대부분 도륙했다. 또 당 고종의 황후로 나중에는 황제로 즉위하고 국호를 주周로 바꾼 중국 유일의 여황제 측천무후는 자신이 낳은 자식을 포함하여 1백여 명에 가까운 황자들을 도륙했다.

넷째로 왕조가 교체되면서 전왕조의 황제는 말할 것도

없고 황실 자손까지 도륙하는 경우이다. 북주를 멸망시키고
수나라를 세운 양견이 북주 황실 우문씨를 남김없이 도륙한
사실은 유명하다. 왕조가 멸망하면 황실 자손은 대부분 도륙
되거나 몰락하여 그들의 부귀영화도 끝나고, 새로운 왕조의
황실에게 모든 것이 넘겨진다.

아들만은 못하지만 황제의 딸들도 당연히 부귀영화를 누
렸다. 공주를 위해서는 공주읍사公主邑司라는 관청이 설치되
었다. 공주의 일상생활을 돌보기 위해 설치된 관청인 것이다.

공주는 1품관에 준하도록 규정되어 있어 이에 상응하는
여러 가지 혜택, 예를 들면 남편과 시부모와 자식들까지 죄를
사면받거나 감형되는 권리, 자손들이 과거를 통하지 않고 관
리로 나갈 수 있는 권리 등이 주어졌다. 게다가 황제가 사사
로이 내리는 재물이 많았고 공주의 남편에게는 부마도위라
는 관품을 내렸다.

이렇듯 황실과 혼인하여 공주를 며느리로 맞이하는 집은
복이 넝쿨째 굴러 들어오는 셈이어서 가문의 복덩어리임에
틀림없으나 공주의 위세 때문에 골머리를 앓는 경우도 더러
있었다.

많지는 않지만 간혹 어떤 공주는 남편을 무시하고 음란을
일삼기도 했다. 예를 들면 남조 송나라의 산음공주는 오빠인
황제에게 "저는 여자이고 폐하는 남자이지만 다같이 선대 황
제의 몸에서 태어났습니다. 그런데도 폐하는 후궁이 수백 명

이나 되고 저는 오직 부마 한 사람뿐이니, 일이 공평하지 않음이 어찌 이다지도 심할 수가 있습니까?' 하고 항의했다. 황제는 용모가 아름다운 청년 30명을 뽑아주었다. 특히 남조때 이런 공주들이 많아 사대부들은 황실에 장가가기를 꺼렸다고 전한다. 또 남편에게 다른 여자를 붙여주고 자신은 마음대로 즐긴 당나라 때 태평공주도 있다.

황제의 자손들보다는 못하지만 외척, 즉 황후의 본가 일족도 엄청난 부귀영화를 누렸다. 외척의 부귀영화가 가장 성할 때는 양한兩漢 때였다. 전한 시대에는 외척이 정권을 장악하는 경우가 많아 결국 외척 왕망王莽에 의해 나라가 망했다. 후한 때는 외척과 환관이 교대로 정권을 장악하다가 황건적의 난으로 나라가 결딴나서야 그쳤다. 그 이후로는 나라를 기울게 할 정도로 외척이 득세한 때는 많지 않지만, 일단 황제의 외척이 되는 순간 부귀영화는 보장된다.

우선 황후의 부모는 3품관, 기친(3촌 이내)은 4품관, 대공친(4촌)은 5품, 소공친(5·6촌)과 시마친(7·8촌)은 6품관의 대우를 받는다. 또 황후의 소공친 이상은 모반 등의 죄가 아니면 사형에 해당하는 죄를 범해도 사형에 처하지 않는다. 유형 이하의 죄를 범한 경우에는 1등을 감형하고 재물로 죗값을 치르게한다. 이들에게는 세역의 면제와 과거를 거치지 않고도 관직에 오를 수 있는 특권이 주어진다. 이밖에 황제가 사사로이그의 처가에 많은 물품을 내려 그들의 부귀영화는 더 말할 필요도 없다.

황제의 자손과 외척 외에 부귀영화를 누리는 사람들은 황제가 나라를 세우는 데 공을 세운 공신과 외적의 침입을 방비하거나 외국을 공격하는 데 공을 세운 장군, 그리고 황제가 나라를 경영하는 데 참여하는 관리들이다. 나라에 공을 세운 사람에게는 작爵을 내리고 국가 경영에 참여하는 사람에게는 관직을 수여하는데, 각각 위계가 있었다.

춘추 시대 중기까지 왕은 주 천자만의 칭호였다. 제후국의 군주들은 모두 국가의 규모나 위상에 따라 공·후·백·자·남의 칭호를 가졌는데, 이것이 작이다. 달리 말하면 이들 작위를 가진 사람은 스스로 다스리는 땅을 가진 독립 국가의 군주인 셈이었다. 춘추 시대 후기부터는 세력이 큰 제후국들이 소국을 병합한 뒤 군이나 현으로 편제해 작위도 점차 유명무실해졌다.

전국 시대에는 진나라를 필두로 군공에 따라 작을 수여하는 이른바 군공작軍功爵 제도가 시행되었다. 한나라도 이를 계승하여 봉건 시대의 작제도는 시행되지 않았다. 다만 한나라 때에는 군공작 외에 왕과 후가 있었는데, 왕은 황제의 자식에게, 후는 승상과 같은 고위 관인이나 공이 큰 장군에게 내렸다. 유방을 도와 한나라 건국에 공을 세운 145명을 후작으로 봉한 것이 대표적인 사례가 될 것이다.

서진 시대에 들어와 공·후·백·자·남과 같은 봉건제 시대의 작제가 부활되었고, 이후 왕조마다 차이가 있지만 계속 시행되었다. 당나라의 작은 친왕·군왕·국공·군공·현공· 현후·현백·현자·현남의 9등이었다.『역주당육전』(상), 219~220쪽) 대체로 친왕과 군왕은 황제의 자손들만 받았다. 황제의 자손이 아닌 사람들은 최고 공작까지만 받았다.

관은 군주의 국가 경영을 돕는 지위이다. 그러므로 봉건 제도가 시행된 춘추 시대 이전에는 관료의 수가 그다지 많지 않고 역할도 크지 않았다. 전국 시대에 전제군주제가 성립되면서부터 관료가 국가 경영의 중추가 되었다. 관료는 역할에 따라 크게 문관과 무관 둘로 나누어지며, 문·무관은 각각 위계가 있다. 한나라 때 위계는 승상 1만석, 어사대부 5천석, 9경 중2천석, 이하 2천석, 비2천석, 1천석 등등 석수로 표현되었다. 위나라 때부터는 정1품, 종1품, 정2품, … 정4품상, 정4품하 등과 같은 품계로 표현되었다.

위계가 높다는 것은 황제와 국가를 위해 중요한 역할을 맡고 있다는 뜻이다. 무관 가운데 가장 높은 지위를 보통 장將이라 하고 문관 가운데 역할이 중요하고 동시에 높은 지위를 상相이라고 했다. 상은 통칭 재상이라 하고 본래 '돕다' 또는 '보필한다'의 뜻을 가진 용어이다. 따라서 보통 재상이라고 하면 황제를 보필하는 지위를 말한다.

설명이 좀 길었는데, 왕·후·장·상의 후·장·상은 황제의 자손이 아니면서 오를 수 있는 최고 지위다. 후는 작, 장은 무관, 상은 문관의 최고 지위라고 설명했지만, 후와 같은 작은 통상 공을 세운 장군 또는 재상들에게 수여되었으므로 대개 하나로 이해해도 좋을 듯하다. 당나라 때 재상은 대개 국공이 수여되었다.

그러면 당나라 때 제도적으로 보장된 고위 관원의 부귀영화는 어느 정도였을까? 국공은 식읍으로 3천 호를 받도록 규정되어 있는데 실제로 세금을 받을 수 있는 식실봉은 따로 정해져 있었다. 또 최고 토지 40경을 지급받을 수 있었고 지위에 따라 차등이 있었다. 5품관 이상의 부조·형제·자손은 세역이 면제되었다.

직사관 1품은 장례 때 1백 명의 인부, 2품은 80명, 3품은 60명, 4품은 40명, 5품은 20명이 지급되었다. 호위병은 1품 96명, 2품 72명, 3품 48명 등등으로 차등 지급되었다. 관원들의 탈것은 1품에게 인부 30명과 수레 7승, 말 10필, 노새 15두가 지급되었다. 2품에게 인부 24명과 수레 5승, 말 6필, 노새 10두가 지급되었다. 3품에게 인부 10명, 수레 4승, 말 4필, 노새 6두를 지급하며, 이하 관에게도 차등있게 지급되었다.

직사관들은 직급에 따라 월봉이 지급되는데 1품 11관, 2품 8.5관, 3품 7관 등등이다. 녹미의 지급은 정1품 700석, 종1품 600석, 정2품 500석, 종2품 460석, 정3품 400석, 종3품 360석 등등이다. 이밖에 황제가 하사품으로 내리는 물품도 적지 않았다.

고위 관인들은 경제적인 이익이 보장될 뿐만 아니라 사법적으로도 특별한 처분을 받았다. 당률에 의하면 직사관 3품

이상 관원은 모반죄 등 특히 엄형에 처하는 몇 가지 죄를 제외하고는 사형에 해당하는 죄를 범해도 죽음만은 면한다. 유형 이하의 죄는 1등을 감면받으며, 실형을 받지 않고 재물로 죗값을 치를 수 있었다. 이런 특권은 본인에 한하지 않고 처자나 친속에게까지 확대 적용된다. 또 자손들은 과거를 거치지 않고도 관직에 오를 수 있는 특권도 보장된다. 가문에 고관 한 사람만 배출되어도 가문 전체가 부귀영화를 누릴 수 있어, 그야말로 가문의 영광이다.

왕후장상은 제도적으로 보장된 것 외에도 많은 이권이 있었다. 그 때나 지금이나 권력자들은 뇌물의 유혹을 쉽게 뿌리치기 어려운 것 같다. 주로 관직이나 과거를 둘러싸고 뇌물이 오갔으며, 기타 이권을 둘러싸고도 뇌물이 오갔다. 이런 방식으로 축적한 엄청난 재물을 마음대로 뿌리며 사치생활을 하던 사람들의 이야기는 많이 전한다.

서진 시대는 위魏나라 때 이래 원로 공신 및 그 자제들이 대를 이어 왕후가 되었고 사치와 향락이 일상화되어 국사에는 관심이 없었다. 태부 하증何曾과 사도 하소何劭 부자는 하루 식비가 2만 전에 달했다. 석숭石崇은 관직에 있으면서 재물을 긁어모았으나, 당시 위정자들은 이를 당연하게 여겼다. 관료귀족들은 사치스런 치장으로 현란함을 자랑했다. 심지어는 고의로 재물을 파괴하고 아까워하지 않음으로써 자기의 부를 과시했다. 왕개王愷와 석숭은 부를 다투면서 "왕개가 벼이삭으로 가마솥에 불을 지피자 석숭은 밀랍으로 땔나무를

대신했다. 왕개가 자색 실로 짠 장막 40리를 드리우자 석숭은
비단으로 짠 장막 50리를 드리워 그와 대적했다. 석숭이 산초
나무로 집을 칠하자 왕석지는 적석지로 칠했다" 고 한다. 왕개
가 진 무제에게서 받은 3척 높이의 산호를 석숭에게 보이자
석숭은 이를 깨버리고 자기의 산호수를 내놓았는데 3·4척 높
이의 것이 예닐곱 그루나 있었다.

왕후장상은 일반 서민들로서는 상상조차 할 수 없는 부귀
영화를 누리는 특별한 존재들이었다. 간혹 장사 수완이 있어
상업으로 큰 부를 축적하여 왕후장상 못지않은 호사를 누린
사람들에 대한 이야기도 전하지만, 권력을 수반하지 못한 부
는 불안했고 언제든지 권력자에게 부를 침탈당할 수도 있었
다. 이 때문에 부와 귀를 다 누려야만 진정한 영화였다. 명리
를 헌신짝처럼 여기고 초야에 묻혀 살던 은자들도 있어, 이들
을 흠모하는 풍조도 있었으나, 대다수 중국인들의 꿈은 왕후
장상이 되는 것이었다. 전통 시대 중국인들에게 왕후장상은
영원한 꿈이었던 것이다. 때문에 자신들이 달성할 수 없다면
그 후손이라도 그 지위에 오르게 하는 것이 꿈이었다.

사슴을 쫓는
축록 게임

황제는 천하의 부를 한손에 움켜쥐고 무한한 부귀영화를 누릴 뿐만 아니라 그 자손과 외척 그리고 그에게 충성하는 사람들에게 자신의 뜻대로 부귀영화를 나누어주는 절대 권력의 소유자였다. 그런 절대 권력의 소유자로서 최초의 황제가 된 진시황제는 그 누구도 도전할 수 없는 영원한 제국을 꿈꾸었다. 그러나 그가 죽고 난 직후 머슴살이를 하던 진승이 도전장을 내밀자 우후죽순처럼 일어난 반란 세력에 의해 영원할 것 같았던 제국도 허망하게 무너졌다.

일단 진나라가 무너지자 천하의 영웅들은 빈자리가 되어버린 황제 자리를 차지하기 위해 치열한 쟁탈전을 벌였다. 당시 사람들은 이 싸움을 축록逐鹿, 즉 '사슴 쫓는 게임'이라고 불렀다. 황제는 곧 천하의 주인이라는 생각이 지배적이었고, 그래서 황제가 없는 천하는 주인 잃은 들판의 사슴과 같아 능력만 있다면 누구라도 쫓아 잡을 수 있는 사냥감으로 간주

되었기 때문에 그렇게 불렀다.

□ 송 정대창程大昌은 이렇게 말했다. "'진나라가 그 사슴을 잃자 천하 사람들이 함께 쫓으면서 천하를 사슴에 비유했다'는 말은 비록 한나라 때 나왔지만, 그러나 『춘추春秋』에도 그 말이 있다. 『육도六韜』에 따르면 강태공姜太公이 문왕에게 '천하를 취하는 것은 들판의 사슴을 쫓아 잡는 것과 같으니 천하와 함께 그 고기를 나누는 것입니다[天下共分其肉]'고 말했다고 한 것으로 보면 축록지설은 한나라보다 훨씬 전부터 있었다."[『연번로演繁露』 속집 권5] 그렇지만 강태공의 말은 천하를 얻으면 사냥에서 사슴을 잡아 고기를 나누는 것처럼 제후들에게 땅을 나누어주어야 한다는 것을 강조한 것이다. 그러나 진나라는 땅을 전혀 나누어주지 않았다. 한나라는 건국 초기에 일시 땅을 나누어주었으나 곧 회수했고 이후 역대 왕조에서는 누구에게도 땅을 나누어주지 않는 것이 원칙이었다. 따라서 강태공이 문왕에게 말한 '축록'과 괴통이 유방의 성공을 두고 말한 '축록'은 문자는 같지만 뜻은 다르다.

'축록'이란 말을 처음 쓴 사람은 괴통蒯通이다. 『사기』에는 괴통이, 유방이 황제가 되어 천하를 차지한 것을 두고 사슴 쫓는 게임에서 승리한 것으로 비유했고 유방도 이를 수긍했다는 사실이 꽤 장황하게 기록되어 있다. 그 내용을 요약하면 다음과 같다.

항우와 유방이 팽팽하게 맞서고 있을 때 한신韓信은 제왕으로 봉해져 있었다. 괴통은 한신에게 유방으로부터 독립하여 유방의 한나라 및 항우의 초나라와 더불어 삼국정립의 형세를 이루라고 건의했다. 괴통의 이 건의에 대해 한신은 차마 유방의 은의를 배신할 수 없다면서 듣지 않으려 했다. 괴통은 주군을 놀라게 할 만한 위세를 가졌고 상을 줄 수 없을 만큼 큰 공을 세운 사람은 오히려 주군에게 용납될 수 없는 법이니,

조만간 천하가 통일되면 당신은 반드시 팽烹삶음될 것이라고 하면서 재차 유방과 결별할 것을 충고했다.

한신은 끝내 괴통의 말을 듣지 않고 그에게 의지하고 있던 종리매鍾離昧항우의 부하의 머리를 바치면서까지 충성심을 보였으나 결국 유방에게 포박되어 장안으로 압송되고 말았다. 한신은 포박되자 그 때서야 후회하면서 "사람들은 '교활한 토끼가 죽으면 좋은 사냥개는 솥에서 삶음을 당한다. 높이 나는 새가 없어지면 좋은 활은 창고로 들어간다. 적국을 깨뜨리면 같이 도모하던 신하는 죽는다' 고 하더니 과연 그대로구나. 천하가 이미 정해졌으니 나는 팽당하겠구나" 하고 외쳤다.

한신은 장안으로 압송된 뒤 때늦게 반란을 꾀했지만 결국 장량과 여태후의 계책에 넘어가 사로잡혀 처형되었다. 한신은 처형될 때 '내가 괴통의 계책을 쓰지 않은 것이 후회스럽더니, 마침내 아녀자의 속임수에 걸려든바 되었구나. 어찌 천명이 아니겠느냐?' 하면서 한탄했다.

고조 유방이 반란을 진압한 뒤 돌아와 이 말을 듣고 괴통을 잡아올린 뒤 '네가 화음후淮陰侯한신은 장안으로 압송된 뒤 왕에서 강등되어 후작을 받음에게 반역하도록 교사했느냐' 하고 물었다. 그러자 괴통은 "그렇습니다. 신이 교사했습니다. 어리석은 자가 저의 계책을 쓰지 않는 바람에 여기서 처형된 것입니다. 만약 그 자가 저의 계책을 썼더라면 어찌 폐하께서 그를 죽일 수 있었겠습니까?" 하고 태연히 대답했다.

고조는 분노하여 '삶아죽이라' 명령했고, 괴통은 '아아! 억울하다. 삶겨 죽다니' 하고 외쳤다. 고조가 '네가 한신에게 반

역하라고 교사해 놓고 무엇이 억울하단 말이냐?' 하고 힐난하
자, 괴통은 "진나라의 기강이 무너져 중원이 크게 어지러워지
자 제후국의 후예異姓들이 모두 들고일어났고 영웅과 준재들
이 새떼처럼 모여들었습니다. 진나라가 그 사슴을 잃어버리
자 천하 사람들이 모두 함께 쫓았는데, 이 때 재주가 높고
발이 빠른 사람이 먼저 얻은 것입니다. 도척흉악한 도적의 개
가 요임금을 보고도 짖는 것은 요임금이 인자하지 않아서가
아니라 개는 주인이 아니면 짖는 습성이 있기 때문입니다.
그 때 저는 오직 한신이 있는 것만 알았을 뿐 폐하는 알지
못했습니다. 또 천하 사람들 가운데 힘깨나 쓰는 사람이라면
폐하께서 이룬 바를 욕심내는 사람들이 매우 많았으나 다만
능력이 미치지 못함을 헤아렸을 뿐입니다. 그 사람들을 다
삶아죽이겠습니까?' 하고 대답했다. 이를 듣고 고조가 "풀어
주어라" 하고 괴통의 죄를 용서했다.『사기』권92, 한신열전]

유방이 함양에서 진시황제의 행렬을 보고 욕심을 내며
스스로 적제의 아들이라고 선전하면서 다녔다고 하지만, 건
달의 처지로 졸개 몇백 명을 거느렸던 시절부터 황제가 되리
라고는 생각하지 못했을 것이다. 아마도 그 당시에는 유방처
럼 수백 명 또는 수십 명씩 졸개들을 거느리고 횡행하던 사람
들이 수백 명은 넘었을 터이니 말이다.

뒤에 세력을 얻어 항량에게 의탁한 뒤 초왕의 명을 받아
진나라 공격에 나섰을 때는 제법 위엄을 갖추게 되었겠지
만, 그 때도 그가 천하를 한손에 움켜쥘 황제가 되리라고

점치는 사람은 없었다. 그 뒤 마침내 함양을 점령하고 진나라 왕 영嬰의 항복을 받은 시점부터는 제법 큰 국량을 드러냈다. 그 때문에 항우에게 가장 강력한 경쟁자로 비쳐져서 궁벽한 한중 땅의 왕으로 내몰림을 당하기도 했다. 하지만 그 때까지도 아직 확실히 유력한 후보 대열에 낀 것은 아니었다.

이후 한중을 탈출해서 관중과 화북을 장악하게 된 시점에서는 항우와 최후의 결전을 벌이게 되지만 그 때도 역시 성패는 알 수 없었다. 유방은 이 때부터 거의 5년 동안 치열한 쟁패전을 벌인 끝에 최후의 승자가 되어 황제 자리를 차지했다.

유방이 천하를 지배하는 황제 자리를 차지하는 과정을 보면, 마치 수백 팀이 참여하는 예선전을 거쳐 본선에 진출하고 결승에서 최후의 대결을 벌이는 운동 경기 같다. 아무튼 주인 잃은 사슴을 잡기 위한 게임이 5년 또는 10년 가까운 세월 동안 저 드넓은 중원을 무대로 펼쳐지는데, 이 게임에는 몇 가지 흥미로운 특징이 있다.

첫째로 제한 시간 없는 넉 다운 게임이다. 항복하지 않는 상대는 전멸할 때까지 공격한다.

둘째로 도구의 제한이 없다. 모든 수단이 동원되는 게임인 것이다. 무기·물·불·속임수·공갈 협박·아량과 포용 등등 동원할 수 있는 모든 수단의 사용이 인정된다.

셋째로 정해진 규칙이 없고 반칙을 제지하는 심판도 없는 게임이다. 다만 통념적인 규칙은 있는 듯한데, 대장 선수가 아량을 보여야 한다는 점, 살상을 최소화해야 한다는 점, 동료 선수들을 잘 이끌어야 한다는 점, 결단력이 있어야 한다는 점 등이 승점으로 계산되는 경우가 많다. 이런 장점을 가진 대장 선수는 아군뿐만 아니라 적군과 관중으로부터도 후한 점수를 받아 대세를 결정짓는 중요한 요소가 된다. 이것은 규칙이라기보다 전략 전술이라고 해야 할 것 같다.

넷째로 아군과 적군의 구분은 있지만 곧잘 뒤섞이기도 하는 게임이다. 오늘의 아군이 내일의 적군이 될 수도 있고 오늘의 적군이 내일의 아군으로 돌변할 수도 있다.

다섯째로 선수와 관중의 이해관계가 밀접한 게임이다. 선수가 게임을 진행하는 동안 관중들은 게임에 필요한 도구와 재료를 제공해야 하고 피와 땀을 흘려야 한다.

여섯째로 관중도 관람석에서 즐기는 것이 허용되지 않는 게임이다. 게임이 진행되는 동안 운동장에서 같이 뛰거나 이리저리 몰리면서 관람해야 한다.

일곱째로 시작과 휴식, 그리고 종료 시간에 대한 약속이 없는 게임이다. 언제 시작할지도, 언제 휴식할지도, 그리고 언제 끝날지도 모르는 게임이 벌어지는 운동장에서 관중들은 이리저리 몰리다가 지치고 굶주린 가운데 말발굽에 치어 죽어간다.

여덟째로 오직 우승자만 있고 준우승 이하는 없는 철저

한 올 오어 낫싱 게임이다. 우승자는 무한히 많은 상금을 차지하고 그 팀원에게도 약간의 상금이 돌아간다. 그렇지만 예선전에 참여한 선수부터 준우승자와 그 팀원들까지 출전 선수 대부분은 상금이 없는 것은 말할 것도 없고 게임을 치르는 동안 치명상을 입고 죽어가며, 살아남았다 하더라도 관중 속으로 사라져야 한다. 특히 준우승자와 그 팀원들은 우승자에 의해 죽음을 맞는다. 우승팀의 팀원 가운데도 대장 선수보다 공이 많거나 팀원들 사이에 인기가 있는 사람은 제거된다. 대장 선수의 지위에 대한 잠재적 도전자는 용납될 수 없기 때문이다.

이 게임이 진행되는 동안 운동장은 말발굽에 짓밟혀 결딴 나고 관중들은 그 소용돌이 속에서 이리저리 몰리다가 창칼을 맞고 또는 굶주리다 지쳐서 죽어간다.

우승자인 황제는 모든 것을 다 차지한다. 팀원들인 공신들도 황제에게 충성을 맹세하는 대가로 약간의 상금을 나누어 받을 수 있다. 관중인 일반 백성에 비하면 꿈같은 부귀영화를 누리는 셈이다. 더구나 대장을 잘못 고른 죄로 패배자가 되어 죽거나 관중 속으로 사라져 간 많은 출전 선수들에 비하면 진짜 행운이다.

우승자와 팀원들, 다시 말하면 황제와 공신들은 어렵게 획득한 부귀영화를 자손들에게 길이 전하기 위해 여러 가지 장치를 만든다. 그 장치들을 대별해 보면 다음과 같다.

첫째로 새 왕조의 황제와 공신들은 그들의 창업이 도탄에 빠진 만백성을 구원하라는 천명天命을 따른 것으로 인식시키기 위한 작업에 착수한다. 축록 전쟁에서 승리한 사람이건, 정변으로 전대 왕조를 멸망시키고 황제권을 획득한 사람이건 폭력적인 무력을 행사하지 않을 수 없다. 축록 전쟁에서는 피아간에 인명을 돌볼 여지가 없고, 정변의 경우 궁정의 기둥을 피로 물들이는 살육이 따르게 마련이어서 창업 군주에게 인자함이란 전혀 어울리는 어법이 아니다. 그렇지만 일단 왕조를 세워 황제가 된 순간, 그는 하늘과 만백성의 뜻에 순응해서 도탄에 빠진 생령을 구한 구세주가 된다. 반면에 그의 적이나 전 왕조의 마지막 황제는 인명을 초개와 같이 여기고 만백성을 도탄에 빠뜨린 사람이 되어 모든 폭력에 대한 책임과 일체의 죄악을 뒤집어쓰게 된다. 이런 이념적 포장은 조칙을 통해 수시로 반포된다. 또한 이를 역사적으로 입증하기 위해 전대 왕조의 역사를 편찬한다. 이런 작업을 통해 적대 세력이나 전 왕조의 마지막 황제는 역사의 죄인이 되며, 새 왕조의 황제는 그 죄인들이 저지른 패악을 청산한 위대한 성인으로 탈바꿈한다.

둘째로 황제와 황실이 천명을 받은 신성불가침의 존재라는 점을 현시하기 위해 하늘·땅·조상에 대한 제례를 국가적 행사로 성대하게 거행한다. 하늘에 대한 제례의 주신은 호천상제昊天上帝로 우주만물을 주재하는 최고신이다. 황제는 하늘의 아들 즉 천자로 만백성을 다스린다는 이념을 제례를 통해 보여주고자 하므로, 이 제례는 황제가 직접 주재하는 국가의 최대 행사가 된다. 땅에 대한 제례는 하늘에 대한 제례와 함께 치러지는 것이 보통이다. 황실의 신성함을 드러내기 위해 황제의 조상들에게 드리는 제례 또한 국가의 중대 행사다. 이 제례를 위해서는 종묘를 세운다. 종묘는 황제의 조상 위패를 안치하고 제사를 드리는 사당이다. 종묘에는 윗대 일곱 황제의 위패를 모시는 것이 상례인데, 창업 황제의 조상은 본래 황제가 아니었으므로 5대조까지 모두 황제로 추증해서 위패를 모신다. 훌륭한 조상의 덕을 기리고 가문의 존엄성을 과시하기 위한 것이다. 이와는 별도로 고귀한 혈통이었음을 암시하기 위해 은근히 요임금이나 순임금, 또는 우임금의 후손이라는 풍문을 흘리는 것도 창업 군주들이 항용 써먹는 수법이다. 근대 이후의 권력자들 가운데도 이런 수법을 써먹은 사실이 있다. 사직에서 토지신(社)과 곡식신(稷)에게 올리는 제사 또한 국가의 중요한 행사다. 종묘와 사직은 곧 국가의 상징으로 종묘사직이라고 하면 그 자체로 국가 또는 황제를 가리키는 말이 된다. 따라서 종묘사직을 훼손하거나 하늘에 제사지내는 장소를 범하는 행위는 황제에게 해를 가하는 행위와 마찬가지로 모의 단계부터 실행한 것과 같은 죄를 주고 엄형에 처하도록 규정되어 있다. 제사 물품을 훔치는 행위 또한 중죄에 해당한다.

셋째로 장대한 궁궐과 도성을 건설한다. 그 규모에 대해서는 앞의 '황제의 부귀 영화'에서 설명했다.

넷째로 황제의 신변과 권위를 상징하는 구조물들을 보호

하기 위한 장치가 주도면밀하게 마련된다. 당시 군사 조직은 사실상 황제의 신변을 보호하고 그 권위를 과시하기 위한 것이었다고 보아도 지나치지 않는다. 예를 들면 당나라 때 중앙에 설치된 군사 기구의 주임무는 황제와 황궁의 호위 및 수도권 방위를 위한 것이었다. 또한 의례와 출행 때 호위와 의장대로서의 역할도 중요한 임무였다. 일반 서민의 병역 의무도 수도의 군사 기구에 충원되어 숙위를 담당하는 것이 주였다. 황제의 신변을 위협하는 행위는 중벌에 처한다. 황제에 대한 위해 행위는 모의 단계부터 실행한 것과 같은 죄를 주며 범인 자신뿐만 아니라 삼족을 주멸한다. 심지어 그 거주지는 웅덩이를 파서 오물로 채운다. 음식·복장·탈것·의약 등 황제의 일상생활을 받들 때 범한 잘못은 과실일지언정 모두 엄형에 처하도록 규정되어 있다.

다섯째로 황제의 친속 및 공신과 관료들의 특권을 보장하기 위한 법적 장치가 마련된다. 앞 장에서 보았던 황제 친속과 공신들의 부귀영화는 모두 법적으로 보장되어 있다. 뿐만 아니라 일반 서민이 황제의 친속과 관리들을 위해한 행위도 특별히 무거운 죄를 주도록 규정되었다.

여섯째로 관료 조직과 그 운영에 필요한 법적 장치가 마련된다. 전통 시대 중국의 관료 조직은 황제와 황제의 권위를 보호하기 위한 기구와 백성을 조직 편제해서 관리하기 위한 기구로 나누어 볼 수 있다. 관료 조직은 황제의 명령에 따라 운영되며, 그 명령이 원활하게 수행될 수 있도록 치밀한 문서

행정 체계를 갖추게 된다.

일곱째로 조세와 노역을 징수하기 위한 법적 장치가 마련된다. 백성들의 생명과 재산을 보호하고, 백성들에게 생계를 유지하고 세금을 낼 수 있을 만큼 토지를 분배해 주는 제도도 만든다. 백성들이야말로 황제와 관료들을 위해 재화를 생산하는 사람들이고, 그들의 생산 활동이 원활해야 세역을 징수할 수 있기 때문이다. 그러나 이 제도의 본래 의도는 국가가 적극적으로 모든 토지를 분배해 주기 위한 것은 아니었다. 전란이 끝난 직후 보편적으로 존재하는 주인 없는 황무지를 유민들이 정착하여 개간하면, 국가가 그 소유권을 보장해 주기 위한 것이었다. 이는 이 제도에 대해 십수년 동안 연구한 바 있는 필자의 견해다.[『중국토지경제사연구』(고려대학교 출판부, 1998)]

'사슴 쫓는 게임'의 우승자가 세운 왕조는 위와 같은 제도적 장치를 토대로 대개 짧으면 2백 년, 길어도 3백 년을 넘기지 못하고 필연적으로 멸망하게 된다. 이 때 다시 '사슴 쫓는 게임'이 본격적으로 시작된다. 그 이전에라도 가끔 '사슴 쫓는 게임'의 시기가 이르지 않았는지 저울질하면서 틈을 엿보며 도전을 시도하는 사람들이 나타난다. 하지만 사슴(황제)이 자리를 잃을 만큼 위태로운 상황이 아닌 한 대개 '사슴 쫓는 게임'으로까지 발전하지는 않는다. 그렇지만 이런 도전자들이 나타났다는 것은 그만큼 국가적 · 사회적으로 심각한 문제가 많다는 것을 의미한다.

그 심각한 문제는 대개 두 가지 방면에서 발생한다. 문제의 하나는 황제와 관료들이다. 황제가 제 역할을 다하지 못하고 관료 사회가 원활하게 운영되지 못하는 데서 나오는 것이다. 다른 하나는 극심한 빈부 격차에서 나온다. 부자들의 토지는 산천을 경계로 삼는데, 가난한 사람들은 송곳 꽂을 땅마저 없는 상황에서 기근이 들면 굶어죽는 사람들이 속출하고 심지어는 사람이 사람을 잡아먹는 사태가 벌어진다. 이렇게 되면 사회 전체가 암울한 먹구름으로 뒤덮인다. 이 두 가지 방면에서 문제가 심각해지면 사슴을 쫓을 시절이 오지 않았을까 저울질하면서 틈을 엿보는 사람들이 나타나고 급기야는 천하 대동란으로 발전한다.

황제는 국가의 일을 결정함에 있어 절대적이면서 전제적인 권력자이다. 절대적絶對的이라 함은 그 누구도 그와 대적할 만한 권력을 가질 수 없다는 것을 의미한다. 전제적專制的이라 함은 그밖에 누구도 결정권을 가질 수 없다는 것을 의미한다. 관료는 황제의 뜻에 따라 결정된 사항을 그의 명에 따라 시행할 뿐이다. 국가의 일을 스스로 결정하여 자신의 이름으로 시행할 수 있는 권능은 황제 외에는 누구도 가질 수 없었다.

그렇지만 아무리 정력적이고 분별력 있는 황제라도 몇천만 명이 살고 있는 국가의 일을 다 결정할 수 없다. 그래서 제도적으로 황제의 결정을 돕는 지위를 두게 되는데 그 대표가 바로 재상宰相이다. 정력적이고 분별력 있는 황제가 유능하고 공정한 재상의 보필을 받아 국가의 일을 결정하여 시행하는 시대가 이른바 치세治世 또는 태평 성세이다. 이런 경우 관료들의 부정과 권력 남용이 차단되어 불만이 최소화되고 자연 재해가 발생해도 적절하게 대응하여 극단적인 사태로 발전하는 일은 드물다.

왕조 전반기의 황제들은 창업의 어려움을 직접 경험하거나 보고 들었으므로 정력적으로 정사를 돌보게 마련이고 또 분별력도 있었다. 중기 이후의 황제들은 궁중에서 자라 어려움을 모를 뿐만 아니라 세상 돌아가는 이치에 어두워 분별력을 갖기가 어렵다. 더구나 대개 단명해서 유약한 황제가 뒤를 잇는 경우가 많다. 예를 들면 후한은 4대 화제和帝가 10세로 즉위한 이래 멸망할 때까지 대부분 20세 미만에 황제로 즉위했고 심지어는 난 지 1백 일밖에 안된 아이가 황제殤帝로 즉위하는 어이없는 일도 있었다. 문제는 아무리 나이가 어리거나 분별력 없는 황제라도 국가의 모든 일은 반드시 황제의 이름으로 행사되어야 한다는 데서 발생한다. 왜냐하면 누구라도 황제를 대신해서 의사 결정을 한 뒤 황제의 이름으로 반포하게 되면 누구도 이를 부정할 수 없기 때문이다.

황제가 유약한 경우 외척이 황제 옆에서 황제 대신 의사 결정을 담당하게 되고 이로써 그들의 권세가 극대화된다. 반드시 외척이 아니라도 일단 분별력이 없는 황제의 신임을 받아 황제의 의사 결정을 좌우하게 되면 권력이 그에게 돌아가는 것은 말할 필요도 없다. 전한 말기의 황제 애제哀帝는 20여 세밖에 안된 동현董賢을 동성애하였다. 황제는 그의 말이라면 따르지 않는 것이 없었고 마침내 삼공의 하나인 대사마大司馬로 임명하여 막강한 권력을 그에게 주었지만, 누구도 이를 막지 못했다. 황제의 부당한 결정에 대해 충간할 수 있는 것은 그가 분별력을 지니고 있을 때나 가능한 것이다.

황제는 절대적이고 전제적인 권력을 가졌지만, 그것을 행사하는 데는 통념적인 합리성이 요구된다. 능력있는 사람을 적합한 지위에 임명하고 공이 있으면 상을 주고 과오를 범하면 죄를 주는 것과 같이 통념적으로 인정되는 합리적인 정치 운용이 바로 그것이다. 황제가 이러한 능력을 갖추지 못한 경우 황제를 대신한 인물의 자질 여하에 따라 정국의 상황이 달라진다. 황제를 대신해 정국을 운영하는 자가 자기 당파만 등용하거나 매관매직할 경우 사인士人 사회의 불만이 커진다.

권력자에게 많은 뇌물을 주고 관직을 산 사람들은 이를 만회하기 위해 가렴주구를 일삼고 그로 인해 백성들은 도탄에 빠진다. 때마침 대기근이라도 들면 백성들은 생존조차 위협받는 지경에 이른다. 이런 상황이 되면 이제 '사슴 쫓는 게임'의 시절이 오지 않았나 하고 틈을 엿보는 사람들이 출몰하기 시작한다.

빈부 격차는 시대와 나라에 상관없이 모든 국가 사회의 심각한 문제이다. 다만 중국 역사에서는 좀 특수한 순환의 과정을 거쳐 극단적인 빈부 격차가 형성되기 때문에, 이에 대해서 약간 설명해 두기로 한다.

'사슴 쫓는 게임'이 끝난 뒤 겨우 살아남은 농민들은 도처에 널려 있는 황무지를 어렵사리 개간해서 자립적으로 생계를 유지해 간다. 국가는 이들이야말로 국가 재정의 원천인만큼 그들이 개간한 토지를 호적에 올려 소유권을 보장하고 매매를 금지하는 방법으로 보호하고자 한다. 또 가능하면 전쟁을 일으키지 않고 토목 공사도 최소화하여 생업을 방해하지 않도록 배려하고 세금 징수도 최소로 유지한다.

이런 정책은 비교적 좋은 효과를 가져와 생산이 회복되고 민들의 삶도 윤택해진다. 이런 정치 방법을 '휴양생식休養生殖'이라고 하는데, 이는 민들로 하여금 휴식을 취하게 해서 스스로 힘을 배양하고 생산을 증식하게 하기 위한 것이다. '사슴 쫓는 게임' 뒤에 성립한 왕조는 대부분 이 정책을 쓰게 마련이지만, 그 가운데서도 한 초기의 '문경지치文景之治'나 당 태종 때 '정관지치貞觀之治'는 이런 정책을 가장 효과적으로 수행한 결과다.

왕조 중기가 되면 사정이 달라진다. 국가는 휴양 생식 정책을 포기하고 대외 전쟁과 토목 사업을 벌이고 그들의 부귀영화를 확대하기 위해 적극적으로 세역을 징수한다. 게다가 매년 찾아오는 자연 재해로 인해 축적이 없는 농민들은 목숨

을 이어가기 위해 곧잘 몇 됫박의 곡식을 얻는 대가로 가지고
있던 토지를 넘기고 소작농이나 노비로 전락한다. 그리하여
부자의 토지는 산천을 경계로 할 정도가 되고 고래등 같은
기와집의 처마가 몇 리에 걸쳐 펼쳐지는데, 가난한 사람은
송곳 꽂을 만한 땅도 갖지 못하는 상황이 된다. 더구나 땅을
잃은 농민이라도 세역을 면할 수 없다. 당시 세금 제도가 주
로 사람 머릿수에 따라 징수하는 인두세였기 때문이다. 결국
살기 어려워진 농민들은 농토를 떠나 유랑하다가 도둑 떼가
된다.

전한 말기는 이 두 가지 문제, 즉 황제가 정치를 돌보지
않고 외척과 총신이 권력을 남용해서 사인들의 불만이 높아
지고 빈부 격차가 극심하여 유민이 넘쳐나 사회적 불안 심리
가 극대화된 시기였다. 이 때 외척인 왕망이 정권을 장악한
뒤 한나라를 무너뜨리고 신新나라를 세웠다.

왕망은 국호에서 짐작할 수 있듯이 상당히 과감한 개혁을
시도했다. 토지와 노비의 소유를 제한하고 광범위한 전매제
를 실시하는 등 사회 경제 분야를 비롯하여 제반 분야에 걸쳐
개혁을 시도했다. 그러나 개혁은 이상에 치우쳐 현실성이 없
었으며, 굶주리는 백성들을 구할 수 있는 근본적인 대책도
되지 못했다. 더구나 가뭄·홍수·메뚜기 떼가 창궐하여 대기
근이 만연했다. 굶주린 유민들은 도처에 넘쳐났고 도둑들이
들끓었다. 도둑들은 점차 수만 수십만의 무리를 이루어 천하

를 횡행하며 약탈하다가 마침내는 장안을 공격하여 왕망을 살해했다.

왕망은 비록 찬탈했다고는 하나 유일한 황제였다. 그가 찬탈했을 때 일부 저항이 있기는 했지만 그의 황제권 자체를 적극적으로 부정하는 분위기는 아니었다. 그러나 개혁에 실패하고 도둑들이 들고일어나자 황제권의 정당성을 부정하는 사람들이 나타나기 시작했다. 그가 살해되자 도처에서 황제를 자임하는 자들이 나타나 본격적으로 다시 '사슴을 쫓는 게임'을 벌였다.

왕망이 죽은 뒤 곧 광무제 유수가 기주冀州에서 한나라의 부흥을 선언하면서 즉위했다. 이 때 공손술公孫述은 촉한蜀漢에서 제帝를 칭하고 있었고, 외효隗囂는 농隴 지방을 근거로 무리를 이끌고 영웅과 준재들을 불러모으고 있었다. 『한서』(권100, 敍傳)에는 외효가 『한서』의 편찬자인 반고班固의 아버지 반표班彪에게 당시 상황을 사슴을 쫓는 게임과 같은 국면이라고 주장한 데 대해 반표가 반박하는 논쟁이 기록되어 있다.

반표는 후한의 건국 공신이다. 더구나 이 기록은 그의 아들이면서 또한 후한의 신하인 반고가 편찬한 것이다. 때문에 한나라의 단절을 의미하는 '사슴을 쫓는 게임'과 같은 논리를 받아들일 수 없는 입장이었을 것이다. 또 이를 강조하기 위해 장황한 기록을 남겼을 터이다. 그렇지만 우리는 이를 통해 당시 사람들이 왕조 말기의 상황을 주인을 잃은 사슴을 쫓는 게임과 같은 것으로 간주했다는 것, 그리고 이러한 상황이 발생할 것을 두려워하는 측에서는 천명이 정한 바 없는 일은 일어나지 않는다고 강조하는 논리를 세웠음을 확인할 수 있다.

먼저 외효가 묻기를 "옛날 주나라가 망하고 7국이 서로 쟁탈전을 벌여 천하가 분열되었다가 여러 세대 뒤에야 비로소 안정되었습니다. 합종연횡을 하는 쟁탈전이 지금 다시 일어나겠습니까? 장차 운세가 다른 누군가에게 바뀌어 일어나겠습니까? 선생께서 논해 주기 바랍니다" 라고 했다.

반표는 다음과 같이 대답했다.

"주나라의 흥패는 한나라와 다릅니다. 옛날 주나라는 다섯 등급의 작을 가진 제후들이 스스로 다스렸으므로 근본은 약한데 지엽은 강대했습니다. 말기에 합종연횡의 사태가 벌어진 것은 형세가 그러했기 때문입니다. 한나라는 진나라의 제도를 이어서 모두 군현을 설치했으므로 군주는 전제하는 권위를 가졌고 신하는 영토를 지배하는 권력을 갖지 않았습니다. 다만 성제成帝 때에 이르러 외척에게 권력이 넘어갔고, 애제哀帝·평제平帝가 단명하여 황제의 후사가 세 번이나 끊어짐으로써 위기가 위로부터 일어났으나 손상은 아래까지 미치지 않았습니다. 그러므로 왕씨의 귀함으로도 비록 조정의 권력을 오로지하여 황제의 위를 찬탈할 수는 있었으나 민에 뿌리를 내리지는 못했습니다. 이런 까닭에 왕망이 황제의 위를 찬탈한 뒤 천하 사람들이 절망하면서 탄식하지 않음이 없었고, 10여 년간 내외가 시끄러워져서 가깝고 먼 곳에서 모두

들고일어나 거짓 칭호가 구름 모이듯 했지만 약속이나 한 듯
모두 유씨를 자칭하고 있습니다. …지금 민들이 모두 노래 부
르며 한나라를 생각하며 유씨를 향하고 있는 것으로 보면 알
수 있는 일입니다."

왕망 정권에 저항해서 일어난 사람들이 유방의 후손임을
자칭하거나 유방의 자손을 내세워 정권을 세운 것은 사실이
다. 그러나 처음부터 왕망의 찬탈을 한탄한 것은 아니었으며,
그의 개혁이 실패로 돌아감에 따라 반사적으로 한나라로 회
귀하려는 분위기가 일어났다는 것은 청나라 때 학자 조익趙翼
이 지적한 대로이다.『二十二史箚記』권3 그렇지만 이미 유수에게
의탁하기로 작정한 반표에게 한나라 부흥은 신념이었을 것
이고 그러한 입장에서 당시 상황을 사슴을 쫓는 게임 같은
것으로 받아들일 수 없었던 것은 오히려 당연했을 것이다.
　이런 반표의 대답에 대해서 외효는 단호히 말했다.

선생께서 주나라와 한나라의 형세를 말하는 것은 일리가 있
습니다. 그러나 어리석은 백성들이 유씨의 성과 칭호에 익숙
해져서 그런 걸 보고 한나라가 부흥할 것이라고 말하는 것은
옳지 않습니다. 옛날에 진나라가 그 사슴을 잃자 유계劉季유
방의 다른 이름가 쫓아서 활을 쏘아 잡았을 때는 민들이 한나
라를 알았겠습니까?

반표는 더 이상 대꾸하지 않고　왕명론王命論 을 지어 때의

어지러움을 구하고자 했다고 하는데, 지금으로 보면 그의 논리가 오히려 황당하기 이를 데 없다. 그는 한 고조가 요임금의 후예로서 그 덕을 계승했다는 내용이 『춘추』에 기록되어 있다고 전제하면서, 다음과 같은 논리를 펴고 있다.

… 요임금의 당唐나라는 화덕火德에 의거했는데 한나라가 그것을 이었으므로 패현沛縣의 늪에서 일어났을 때부터 신모神母가 밤에 울며 적제赤帝의 징험徵을 드러내 주었다. 이로 말미암아 말한다면 제왕의 자리는 반드시 명성明聖하고 현의顯懿한 덕이 있고 풍부한 공과 두터운 이로움을 쌓은 업적이 있은 연후에 정성이 신명에 통하고 덕택이 생민에게 흘러드는 까닭에 능히 귀신이 복을 내리고 천하가 귀속되는 것이다. 근본이 없고 뚜렷한 공덕도 없으면서 갑자기 일어나 이 지위에 오른 사람은 보지 못했다. 세속 사람들은 고조가 평민布衣에서 일어선 것만 보고 깊은 연유는 잘 알지 못한 까닭에 단지 포악하고 어지러운 시대를 만나 분기하여 칼을 빼든 것으로 여기며, 심지어 유세지사들의 경우는 천하 사람들이 모두 사슴을 쫓는 형국에서 다행히 승리하면 얻을 수 있는 것에 비유하기까지 하는데, 이는 신기神器[황제를 가리킴]에는 명命이 있다는 것과 지혜나 힘으로 구할 수 있는 게 아님을 알지 못하는 소치이다. 슬프다! 이야말로 세상에 난신적자가 많은 까닭이다. 이와 같은 사람들은 어찌 다만 천도에만 어두운 것이겠는가? 인사人事 또한 밝지 못한 것이다!…

현 왕조 편에 선 위정자들이 제일 두려워하는 것은 황제의 자리와 왕후장상의 부귀영화를 노리고 반란을 일으키는 사람일 터이다. 허망한 짓일랑 해서는 안된다고 설득하기 위해서 무슨 말인들 못할까. 요임금의 후예라든가 하얀 뱀을 벤 것으로 천명이 징험을 드러내 주었다는 따위의 황당한 이야기는, 황제의 지위는 천명에 따라서만 얻을 수 있는 것임을 강조하기 위해 당시 사람들이 항용 써먹는 수법이었다.

현대인의 상식으로는 이런 허망한 논리가 무슨 설득력이 있었겠는가 하고 치부해 버릴 수 있다. 그러나 중국 고대의 위정자들은 두고두고 이런 논리를 이용해서 반란을 경계하고자 했다. 이 또한 중국 역사의 특수한 모습 가운데 하나일 것이다. 그 대표적인 예로 북위 태무제 때 내린 조칙을 들 수 있다. 여기에는 사슴을 쫓는 게임에 대해 염려하고 경계하는 목소리가 더욱 절실하고, 그것의 폐해에 대해서도 사실적으로 묘사되어 있다.

세속에서 말하기를 한 고조가 평민에서 일어나 천하를 차지했다고 하나 이것은 그 연유를 잘 알지 못한 까닭이다. 무릇 고조는 요임금의 계통을 이어 오랜 세월 동안 덕을 계승했고, 뱀의 징험이 있고 상서로운 구름이 나타났으며 다섯 개 별[五緯: 금·목·수·화·토]이 위에 모여 하늘과 사람이 모두 도왔으니 혁명의 군주로 대운大運이 모여서 된 것임이 분명하니, 분수없는 사람들은 구하고자 해도 구할 수 없는 것이다. 그러나 미치광이나 교활한 무리들이 패망해도 그치지 않고 나타나는 까닭은 참으로 '사슴 쫓는 게임 논리逐鹿之說'에 현혹되어 천명을 모르기 때문이다. 그러므로 잘못된 길로 들어 역적질을 해서 해독이 심한 경우 주군州郡을 싹쓸이하고 가벼워도 읍리邑里를 피폐시키며, 마침내 몸은 죽고 이름은 더럽혀질 뿐만 아니라 재앙이 9족에 미쳐도 난을 따르기를 물 흐르듯 하며 죽어도 후회하지 않으니 어찌 통탄하지 않겠는가?

『춘추』의 의리는 대일통大一統을 아름답게 여기고 오吳나라와 초楚나라의 참월한 칭호에 대해 오랫동안 죄를 주니 군자가 거짓 명칭을 천하게 여기기를 먼지나 티끌같이 여겼다. 성인의 덕을 이은 것은 아닐지라도 하늘과 사람이 모여 이룩한 제왕의 사업에 어찌 징험이 헛되겠는가? 고금을 쭉 살펴보건대 의롭지 못하게 분수에 맞지 않는 것을 구하는 사람은 공연히 가문을 지킬 도리를 상실하고 나아가 칼과 톱으로 죽임을 당한다. 땅이 있고 집을 지닌 사람들이 참으로 흥망에는 기운이 있음을 짐작하고, 천명은 바뀌지 않음과 징험에 응하여 은밀히 전해짐을 살펴서 '사슴몰이'와 같은 속언을 막고 간웅들의 분수 넘치는 방자함을 끊어버리며, 만족할 줄 아는 데 복이 많음을 안다면, 거의 신기에 가까운 지혜를 가졌다고 할 수 있을 것이다. 이와 같이 하면 영화와 봉록을 천 년 동안 보전하여 경사스러움이 자손에게 미칠 것이다. 참으로 그러하다면 재앙이 일어날 까닭이 없으니 어찌 큰 형벌인들 시행되겠는가? 후세들에게 힘써 경계하니, 삼가야 하지 않겠는가?"[『위서』 권2, 37~38쪽]

사실 북위는 선비족이 세운 국가로 이 조서가 내린 때는 국가의 초창기였다. 그런데도 이같이 절실한 조서가 나왔던 것은 오호상란의 상황에서 흥망이 무상하여 정권에 도전하는 세력이 도처에 깔렸기 때문이다. 그러나 이런 따위의 조서가 무슨 소용이 있겠는가? 굶주린 유민이 길거리를 메우는데도 호사스런 부귀영화를 포기하려 하지 않는 황제나 왕후장상들이 있는 한 누구라도 기회가 닿기만 하면 그 자리를 노릴 터이니 말이다. 더구나 유방이 황제가 된 것은 '요임금의 후예고 뱀의 징험이 있었기 때문'이라는 따위의 말에 설득되어 도전을 마다할 사람은 없었을 것이다.

수 말기에 대동란이 일어나 양제가 피살되고 나라가 멸망하자 천하는 다시 '사슴을 쫓는 게임'이 전개되었다. 한때 중원 서부를 장악하여 최대세력을 형성하고 있던 이밀李密에게 그의 참모 시효화柴孝和가 말했다.

관중 지방은 험한 산천으로 둘러싸여 있으므로 진나라와 한나라가 이 곳에 의지하여 왕업을 이룩했습니다. 지금 적 사도 [翟讓에게 낙구洛口를 지키게 하고 배 주국裴仁基에게 회락回洛을 지키게 한 뒤 명공께서는 정예병을 이끌고 장안을 습격하여 점령하고, 장안을 장악한 뒤 하와 락을 평정하고 격문을 띄우면 천하가 평정해질 것입니다. 지금 수나라가 그 사슴을 잃어 호걸들이 다투어 쫓고 있으니 서두르지 않으면 반드시 우리보다 먼저 가는 사람들이 있을 것인데 그 때는 후회해도

소용없습니다.[『자치통감』 권183, 617년조]

수나라가 망하는 시점에 기민하게 유리한 지역을 장악하는 사람이 황제의 자리에 오를 것이라고 하면서 전형적인 사슴을 쫓는 게임의 논리를 펴고 있다.

이런 논리는 승자 쪽에서도 수긍하고 있다. 당 고조 때인 621년은 당나라가 하북에서 큰 세력을 형성하고 있던 두건덕竇建德을 사로잡고 낙양에서 양제의 아들을 수 황제로 세우고 당나라에 대항하던 왕세충王世充을 격파해서 대세가 당나라로 기울어 가는 시점이었다. 낙양이 함락되자 왕세충의 밑에 있던 소세장蘇世長이 항복해 왔다. 고조 이연이 소세장의 항복이 늦은 것을 꾸짖자 소세장은 다음과 같이 대답했다.

예로부터 제왕이 천명을 받아 [유일한 황제가 되는 것을] 사슴을 쫓는 것에 비유했습니다. 한 사람이 사슴을 얻으면 만인은 손을 거두게 마련인데, 사슴을 얻은 뒤에 어찌 다같이 사슴고기를 얻기 위해 경쟁하던 사람들에게 죄를 물을 수 있단 말입니까? 폐하는 하늘의 뜻에 부응하고 사람들이 바라는 바에 순응하여 덕을 펴고 은택을 내려야 마땅한데, …[『구당서』 권75, 蘇世長열전]

소세장은 당시의 패권 쟁탈전을 사슴을 쫓는 사냥 놀이에 비유했다. 주인 없는 사슴을 잡기 위해 경쟁에 뛰어드는 일이야 당연히 누구에게나 허용된 일이다. 그러므로 누구도 비난 받아서는 안되고 죄를 물을 수도 없고, 이것은 오래 전부터 통념적으로 인정되어 온 바라는 주장이다. 이 말에 대해서 이연도 수긍하고 그를 풀어주었다. 뒤에는 벼슬자리까지 내렸다.

또 양涼 지방에서 황제를 자칭하고 있던 이궤李軌가 그의 신하들을 불러 의논했다.

딩 천자는 나의 종형인데 지금 이미 수도에서 제위에 올라 있다. 같은 성끼리 천하를 다투는 것은 옳지 않다. 나는 황제 칭호를 버리고 봉작을 받고자 하는데 괜찮겠는가?

이에 대해 조진曹珍이 말리면서 말했다.

수나라가 그 사슴을 잃자 천하가 함께 쫓고 있는 지금 왕을 칭하거나 황제를 칭하는 사람이 어찌 당신 한 사람뿐이랍니까? 당 황제는 관중에 있고 양 황제는 하서에 있으니 서로 방해될 것도 없습니다. 또 이미 천자가 되었는데 어찌 스스로 물러선단 말입니까?『자치통감』 권187, 619년 2월조

이궤는 조진의 말에 따랐다. 일부라도 차지해서 황제로 남아야지 구차하게 그 밑으로 들어갈 이유가 없다는 그의 논리를 받아들인 것이다.

그런가 하면 게임에서 졌으면 그만이지 동등한 자격으로

게임에 참여했다가 구차하게 항복해서 몸을 굽히기는 싫다는 강골도 있었다. 소선蕭銑이 바로 그 사람인데, 그는 이렇게 말했다.

수나라가 그 사슴을 잃게 되자 영웅들이 다투어 [사슴을] 쫓았다. 나에게 천명이 내리지 않았기 때문에 이 지경에 이르렀다. 역시 전횡田橫이 굴복하지 않고 한나라에 의지하지 않은 것과 같이 하겠다. 만약 죄가 된다면 삶아죽이는 형벌鼎鑊을 달게 받겠다.[『구당서』 권56, 소선전]

그는 한 초기에 유방과 더불어 왕을 칭한 전횡이 유방에게 북면하여 칭신하는 것을 거부하고 자결한 고사[『한서』 권33, 魏豹田儋韓王信傳]를 따르고자 했다. 사슴을 쫓다가 못 잡았으면 그뿐이지 고기를 나누어 받기 위해 승자에게 굴복하지는 않겠다면서 결연히 죽어갔다.

[메 모]

[메 모]